SOBRE A ALMA

Obras completas de Aristóteles
Coordenação de António Pedro Mesquita

SOBRE A ALMA

Tradução de **Ana Maria Lóio**
(Universidade de Lisboa)

Revisão científica de **Tomás Calvo Martínez**
(Universidade Complutense de Madri)

Adaptado para o português do Brasil
Luzia Aparecida dos Santos

SÃO PAULO 2019

Esta obra foi publicada originalmente em grego com o título
Περί Ψυχῆς

1ª edição *2013*
2ª tiragem *2019*

Tradução
ANA MARIA LÓIO

Acompanhamento editorial
Luzia Aparecida dos Santos
Preparação do original
Luzia Aparecida dos Santos
Revisões gráficas
Helena Guimarães Bittencourt
Marisa Rosa Teixeira
Edição de arte
Katia Harumi Terasaka
Produção gráfica
Geraldo Alves
Paginação
Studio 3 Desenvolvimento Editorial

Dados Internacionais de Catalogação na Publicação (CIP)
(Câmara Brasileira do Livro, SP, Brasil)

Aristóteles
Sobre a alma / Aristóteles ; tradução de Ana Maria Lóio ; revisão científica de Tomás Calvo Martínez ; adaptado para o português do Brasil Luzia Aparecida dos Santos. – São Paulo : Editora WMF Martins Fontes, 2013. – (Coleção obras completas de Aristóteles / coordenação de António Pedro Mesquita)

Bibliografia.
ISBN 978-85-7827-755-0

1. Alma 2. Aristóteles – Crítica e interpretação 3. Filosofia antiga I. Mesquita, António Pedro. II. Título. III. Série.

13-11187 CDD-185

Índices para catálogo sistemático:
1. Aristóteles : Obras filosóficas 185
2. Filosofia aristotélica 185

Editora WMF Martins Fontes Ltda.
Rua Prof. Laerte Ramos de Carvalho, 133 01325.030 São Paulo SP Brasil
Tel. (11) 3293.8150 e-mail: info@wmfmartinsfontes.com.br
http://www.wmfmartinsfontes.com.br

ÍNDICE GERAL

SOBRE A ALMA

AOS MELHORES PAIS

AGRADECIMENTOS

Ao professor António Pedro Mesquita devo um sentido agradecimento. Mais ainda do que ao coordenador do projeto, devo-o ao professor que tanto me estimulou a abraçar esta temível tarefa, e com ela a alimentar a paixão pelo grego e o fascínio pelo pensamento difícil de Aristóteles.

No professor Tomás Calvo encontrei um indispensável apoio. Inexcedível em disponibilidade e entusiasmo desde o primeiro contato, guardo-lhe sincera amizade pela sua rigorosa e cuidada revisão, bem como pelo gosto com que me prestou todo o auxílio possível na pior das tarefas, a tradução da terminologia aristotélica. A sua sólida colaboração tornou outro este trabalho.

Ao professor António Caeiro cumpre-me endereçar uma palavra de reconhecimento pelo prazer com que seguiu este projeto, mas mais ainda pela amizade.

NOTA INTRODUTÓRIA

De Anima: o texto que hoje lemos

> Tum ille: "Tu autem cum ipse tantum librorum habeas, quos hic tandem requiris?"
>
> "Commentarios quosdam", inquam, "Aristotelios, quos hic sciebam esse, ueni ut auferrem, quos legerem, dum essem otiosus."
>
> Então perguntou ele: "Tu que tens tantos livros, que livros procuras tu aqui?"
>
> "Vim buscar uns comentários de Aristóteles", disse eu, "que sabia que aqui havia, para os ler quando tiver vagar."
>
> Cícero, *De finibus* 3. 9-10

O ritual da procura, na biblioteca, de um volume da extensa obra aristotélica, imitando o gesto de Cícero, filia-nos a uma tradição de leitura e interpretação tão antiga como o próprio filósofo. E lê-lo é, ainda hoje, um desafio. Séculos de leitores e exegetas reconhecem a complexidade do seu pensamento, debatendo-se por esclarecê-lo e traduzi-lo; a sua dificuldade, o caráter obscuro de muitas passagens, o nível de corrupção do texto tornaram-se desabafos "tópicos" de quem exaspera na luta constante pela aproximação ao grego, necessariamente imerso em problemas e perplexidades.

Numa nota introdutória, não poderia ser nossa pretensão elencá-los, muito menos esclarecê-los[1]; cumpre-nos, antes, lembrar alguns fatos, exteriores ao sistema filosófico aristotélico, que estão na origem daqueles. Importa agora formular uma questão bem ao gosto de Aristóteles: o que é o tratado *Sobre a Alma*?

A pergunta conduz-nos à natureza peculiar dos textos que compõem o *corpus* aristotélico. É que esses "tratados" resultam, na hipótese mais plausível, de lições passadas a escrito. Mais, não foi Aristóteles quem agrupou em tratados os diversos livros, na ordem que hoje apresentam; o *corpus* seria composto, com efeito, de unidades menores do que os tratados que nos chegaram[2]. Quer isso dizer que a escolha dos conteúdos e a estrutura do tratado *Sobre a Alma* não se devem a Aristóteles. Daí a pertinência de equacionar a identidade do que, exibindo o seu nome, foi transmitido como Περὶ Ψυχῆς: que tratado sobre a alma leu Cícero? E que tratado sobre a alma lemos nós?

Remissões feitas em outros textos aristotélicos para um Περὶ Ψυχῆς documentam a existência de tal escrito, possivelmente em vida do filósofo; não possuímos, no entanto, dados sobre o seu "formato"[3]. O espólio de Aristóteles foi herdado por Teofrasto; não é certo o rumo que seguiu até Sula o trazer para Roma, por ocasião da tomada de Atenas, em 86 a.C. Esse acontecimento marca o início de uma nova vida para os escritos aristotélicos. Assim, o tratado *Sobre a*

[1] Para o mundo de problemas que não afloraremos aqui, veja-se António Pedro Mesquita, *Introdução Geral*, Lisboa, 2005. A ampla bibliografia específica sugerida neste volume encontra-se em constante atualização na página oficial do projeto (http://www.obrasdearistoteles.net).

[2] M. Nussbaum, "The text of Aristotle's *De Anima*", in *Essays on Aristotle's* De Anima, ed. M. Nussbaum & A. Rorty, Oxford, 2003, p. 5, n. 14. Para um sumário do problema, veja-se, da mesma autora, "Aristotle", in *The Oxford Classical Dictionary*, third edition revised, ed. S. Hornblower & A. Spawforth, Oxford, 2003, esp. p. 166.

[3] M. Nussbaum, "The text of Aristotle's *De Anima*", p. 5. Para algumas obras existem listas anteriores a Andrônico de Rodes.

Alma, na configuração que agora lhe conhecemos, será praticamente contemporâneo de Cícero. Ele terá ganho forma às mãos de Andrônico de Rodes, ativo entre 70 e 20 a.C., talvez o chefe de uma escola peripatética em Atenas[4]. O seu trabalho editorial subjaz, na realidade, a toda a tradição manuscrita posterior, e portanto também às edições de Aristóteles que alinhamos nas nossas estantes. É este, em última análise, o tratado sobre a alma que lemos – mais exatamente, a "versão" que dele chegou ao século IX, pois não possuímos manuscritos anteriores.

No tratado que hoje lemos afigura-se particularmente problemático o Livro III. Nas palavras de Nussbaum, que lista a incompletude do livro e estragos posteriores entre as justificações possíveis, "book 3 is internally a mess"[5]. A mesma autora questiona que devamos a Aristóteles a atual sequência dos tópicos trabalhados no livro. Este ilustra um fenômeno importante na transmissão do *corpus* aristotélico. Com efeito, os supostos "apontamentos" de aula nem sempre nos chegaram estruturados, transformados num texto acabado, claro e com nexo: segundo Nussbaum, *De An.* III 6-7 é disso um bom exemplo[6]; já Ross põe em causa a unidade de *De An.* III 7, nele encontrando uma coletânea de textos que um editor tardio quis salvar[7]. O leitor do tratado *Sobre a Alma* aperceber-se-á, de fato, de que o Livro III não segue um fio condutor comparável ao dos Livros I e II.

É importante, pois, partir para o texto com a noção de que não abordaremos uma obra cuidadosamente planeada e organizada por Aristóteles, e por ele revista. É preciso somar a esses fatos as vicissitudes de uma tradição manuscrita que alguns consideram particularmente desafortunada: corrupção do tex-

---

[4] Para bibliografia sobre o tema, veja-se R. Sharples, "Andronicus", in *The Oxford Classical Dictionary*, pp. 88-9.

[5] M. Nussbaum, "The text of Aristotle's *De Anima*", p. 6.

[6] M. Nussbaum, "Aristotle", p. 166.

[7] D. Ross, *Aristoteles* De Anima, ed., with introduction and commentary, 1961, p. 303.

to decorrente de séculos de cópia, preenchimento de lacunas e até correção por parte de leitores dificilmente avalizados para fazê-lo.

O que nos fica, afinal, de Aristóteles? "The exact wording of most of the material is Aristotle's", acredita Nussbaum[8]. Mesmo que assim não seja, a simples consciência de quão longo e tortuoso foi o caminho por essas palavras até nós percorrido deve bastar para que, curiosos, as honremos com a nossa leitura.

[8] M. Nussbaum, "Aristotle", p. 166.

Quadro-síntese da obra

Livro I		Levantamento dos problemas que o estudo proposto envolve. Recuperação da investigação realizada pelos antecessores de A.: apresentação e análise das doutrinas mais relevantes.
1	**A alma como objeto de investigação**	Dificuldades do estudo encetado; elenco de problemas de várias ordens por ele suscitados (método de investigação, gênero da alma, divisibilidade, abrangência da definição, afecções da alma e sua inseparabilidade da matéria física dos animais).
A investigação sobre a alma: doutrinas legadas pelos antecessores		
2	**Conhecimento e movimento**	Conhecimento e movimento como características ordinariamente atribuídas à alma: estudo das doutrinas dos antecessores (Demócrito, pitagóricos, Anaxágoras, Platão no *Timeu*, Empédocles, Tales, Diógenes, Heráclito, Alcméon, Crítias, Hípon); aspectos a reter, incorreções.
3	**Movimento da alma**	Os quatro tipos de movimento. Movimento por natureza e por acidente. Refutação da doutrina segundo a qual a alma move a si mesma; síntese e exame da exposição que dela faz Platão no *Timeu*. Denúncia do absurdo de certas propostas sobre a relação entre alma e corpo.
4	**Alma como harmonia e número**	Inconsistência da teoria segundo a qual a alma é uma harmonia. Análise das consequências: a alma não pode mover-se. Retomada do problema do movimento da alma: a alma como número que move a si mesmo, a menos razoável das doutrinas.
5	**Continuação; alma composta de elementos**	Conclusão da análise da doutrina da alma como número. Exposição e refutação da doutrina segundo a qual a alma é composta de elementos, em especial da proposta de Empédocles. As partes da alma: sua unidade, espécie das suas partes.

	Livro II	Definição de alma: proposta de definição das suas faculdades. Estudo individual das faculdades da alma: a faculdade nutritiva, a sensibilidade; investigação particularizada de cada sentido.
Definição de alma		
1	**(i) Alma substância e primeiro ato**	Ensaio de uma primeira definição de alma, construída gradualmente até chegar à enunciação de que é o primeiro ato de um corpo natural que possui vida em potência. Organicidade desse corpo; inseparabilidade da alma.
2	**(ii) Aquilo pelo que vivemos**	Sentidos em que se diz que um ser vive e é um animal. A alma como princípio das faculdades pelas quais se define; natureza e inter-relação das faculdades da alma. Definição da alma como aquilo pelo que vivemos, percepcionamos e discorremos. Aplicação à alma da doutrina do par potência/ato.
Definição da alma pelas suas faculdades		
3	**As faculdades da alma**	Relação de sucessão entre as faculdades da alma presentes nos seres vivos. Necessidade da investigação do tipo de alma de cada ser vivo. O estudo de cada faculdade como melhor estratégia de abordagem da alma.
4	**A faculdade nutritiva**	A faculdade nutritiva como a mais comum. Suas funções: reprodução e assimilação de alimentos. Digressão sobre a alma como causa e princípio do corpo que vive (origem do movimento, causa final e substância dos corpos animados). A nutrição (o alimento, sua relação com o ente animado) e a reprodução.
A sensibilidade		
5	**Sensação**	Esclarecimento do sentido de "percepcionar", "ser afetado", "mover-se". Aplicação da doutrina do par potência/ato ao estudo da sensibilidade.

6	**As três acepções do sensível**	Exposição das acepções de "sensível" por si mesmo (próprio de cada sentido, comum a todos os sentidos) e por acidente.
7	**A visão e o seu objeto**	O visível como objeto da visão. A cor e a luz. O envolvimento da luz na visão. O ver como afecção sofrida pelo órgão sensorial por ação de um intermediário; suas qualidades e função.
8	**A audição e o seu objeto; a voz**	Os elementos envolvidos na produção do som; os objetos capazes de soar e as propriedades que lhes conferem tal capacidade. Implicação de um intermediário na audição; qualidade e função daquele. Caracterização da voz na qualidade de som de um ser animado.
9	**O olfato e o seu objeto**	O olfato e o seu objeto; dificuldades de definição. Envolvimento de um intermediário; suas qualidades e função. O diferente cheirar nos animais que respiram e nos peixes. Relação do cheiro com o que é seco.
10	**O paladar e o seu objeto**	O tangível como objeto do paladar. Ausência de um intermediário do paladar. Sua relação com o úmido. Necessidade de o órgão sensorial ser capaz de umidificar-se. Identificação e caracterização das espécies dos sabores.
11	**O tato e o seu objeto**	Variedade dos sentidos táteis e dos tangíveis. Caráter interno ou externo do órgão do tato. Problematização da existência de um intermediário do tato e da sua natureza. A carne como intermediário do tato. Caracterização dos tangíveis e do órgão do tato.
12	**A sensibilidade em geral: o sentido**	Definição de "sentido" como aquilo que é capaz de receber as formas sensíveis sem a matéria; suas consequências para o órgão sensorial. Questões gerais sobre a sensibilidade.

Livro III		A sensibilidade. Faculdades da alma relacionadas com o pensamento. A faculdade do movimento. Faculdade nutritiva, sensibilidade do animal.
Sensibilidade		
1	**Existência de um sexto sentido; sentido comum**	Inexistência de outro sentido além dos cinco estudados, especificações de um sentido comum. Funções deste sentido: percepção dos sensíveis comuns, dos sensíveis por acidente e da própria percepção sensorial; discriminação entre objetos de dois sentidos.
2	**O sentido comum**	Estudo do sentido comum. Identificação da atividade do sensível com a do sentido. O sentido como uma proporção. A distinção entre os objetos dos diversos sentidos.
Faculdades da alma relacionadas com o pensamento		
3	**Imaginação: como se relaciona com a sensação**	Diferenças definidoras da alma: percepcionar diferente de pensar. Investigação da natureza da imaginação e, em particular, de como se relaciona com a sensação.
4	**Entendimento e entender**	O entendimento como a parte da alma pela qual se conhece e pensa, e aquilo com o qual discorremos e fazemos suposições. Questões a respeito da natureza do entendimento.
5	**Entendimentos ativo e passivo**	Diferenciação dos entendimentos ativo e passivo: suas funções e peculiaridades.
6	**A apreensão dos indivisíveis**	Relação do pensamento sobre os indivisíveis com aquilo acerca do qual não existe o falso. Os sentidos em que algo é dito indivisível. O problema da sua apreensão.
7	**A faculdade que entende**	Relação entre imaginação e entendimento. Questões sobre a apreensão de diferentes objetos.

8	**Entendimento, imaginação e sensação**	Identificação da alma com todos os seres: entendimento e sensação. Relação entre entendimento e imaginação.
O movimento dos seres animados		
9	**Parte da alma que move**	Parte da alma que move: separabilidade, identificação com uma das faculdades já estudadas. As partes da alma que não são responsáveis pelo movimento.
10	**Desejo e entendimento**	Origem do movimento: faculdade desiderativa e entendimento prático. O desejo. Fatores implicados no movimento.
11	**Implicação de outras faculdades**	Questões relativas ao movimento dos animais imperfeitos. A faculdade que move: implicação das faculdades deliberativa e científica no movimento.
A faculdade nutritiva e a sensibilidade		
12	**Necessidade da nutrição e da sensibilidade**	Necessidade da faculdade nutritiva no ser vivo. Caráter necessariamente compósito do corpo do animal. Necessidade da sensibilidade no animal, e, primeiramente, do tato.
13	**Necessidade do tato; finalidade dos sentidos**	Necessidade do tato, sem o qual não existem outros sentidos. Caráter necessariamente compósito do corpo do animal. Explicação teleológica dos sentidos.

A TRADUÇÃO

O texto que serve de base à tradução é o de David Ross (Oxford, 1956), ainda hoje a edição de referência. A especificidade da obra, um tratado técnico, exige respeito escrupuloso e fidelidade ao texto por parte do tradutor, sob pena de sair mutilado o pensamento expresso. Esse princípio foi sempre respeitado, o que justifica, entre outras peculiaridades, várias repetições e a frequente manutenção de formas verbais onde a estilística prescreveria a substituição por nomes. Quanto à tradução dos termos técnicos[1], explicitam-se em nota de rodapé as opções relativas aos campos semânticos mais complexos, como o de νοεῖν ou αἴσθησις. Merecem igualmente uma nota de rodapé as opções de tradução (e, necessariamente, de interpretação) mais polêmicas e difíceis, que cumpre justificar e reconduzir ao seu proponente.

---

[1] Fundamental a consulta de Mesquita, "Dificuldades particulares do vocabulário aristotélico", *Introdução Geral*, pp. 469-534.

ABREVIATURAS E SINALÉTICA

A.	Aristóteles.
comm. ad loc.	comentário à passagem.
lit.	literalmente.
n.	nota.
pl.	plural.
Rodier	Aristote, *Traité de l'âme*, comentaire par G. Rodier, Paris, 1985.
Ross	Aristoteles, *De anima*, edited with introduction and commentary by W. D. Ross, Oxford, London, 1961.
Tomás Calvo	Aristóteles, *Acerca del Alma*, introducción, traducción y notas de T. Calvo Martínez, Madrid, 1978.
Tricot	Aristoteles, *De l'âme*, traduction nouvelle et notes par J.-G. Tricot, Paris, 1934.
Mesquita	A. P. Mesquita, *Introdução Geral*, Lisboa, 2005.
< >	acréscimo ao texto na tradução.
[ ]	supressão (com a edição de Ross).
††	*loci desperati.*
| |	indicações da responsabilidade da tradutora.

TRADUÇÕES ANOTADAS E COMENTÁRIOS

CALVO MARTÍNEZ, T., *Aristóteles: Acerca del Alma*, introducción, traducción y notas, Madrid, 1978.

GOMES, Carlos H., *Aristóteles: Da Alma*, introd., trad. e notas, Lisboa, 2001.

HAMLYN, D. W., *Aristotle's De anima, books II and III (with certain passages from book I)*, translated with introduction and notes, Oxford, 1998[r].

HETT, W. S., *Aristoteles: On the soul; Parva naturalia; On breath*, with an English translation, Cambridge (Mass.), London, 2000[r].

HICKS, R. D., *Aristoteles: De anima*, with translation, introduction and notes, Cambridge, 1907.

REIS, M.ª Cecília G. dos, *Aristóteles: De Anima*, apresentação, trad. e notas, São Paulo, 2006.

RODIER, G., *Aristote: Traité de l'âme*, comentaire, Paris, 1985.

ROSS, W. D., *Aristoteles: De anima*, edited with introduction and commentary, Oxford, London, 1961.

____ (ed.), *The works of Aristotle*, translated into English, Chicago [etc.], 1952.

THEILER, W., *Aristoteles: Über die Seele*, mit Einleitung, Übersetzung und Kommentar, Berlin, 1994[7].

TRICOT, J.-G., *Aristoteles: De l'âme*, traduction nouvelle et notes, Paris, 1934.

SOBRE A ALMA

Livro I

1. A alma como objeto de investigação

Partindo do princípio de que o saber[1] é uma das coisas 402a belas e estimáveis, e de que alguns saberes são superiores a outros quer pelo seu rigor, quer por tratarem de objetos mais nobres e admiráveis, por esses dois motivos poderemos com boa razão colocar a investigação sobre a alma[2] entre os mais importantes. Ora, o conhecimento[3] sobre a alma parece contribuir também amplamente para o da verdade no seu todo, e em especial para o da natureza, pois a alma é, por assim dizer, o princípio dos animais. Procuraremos, pois, ter em vista e conhecer a sua natureza e a sua essência[4], e ainda aquilo que a acompanha[5]. Dessas coisas, umas parecem ser

---

[1] Εἴδησις. Trata-se da única ocorrência do termo em A.; segundo Tricot (p. 1, n. 1) designa γνῶσις em geral.

[2] Ψυχή. "Alma" é a versão tradicional, embora A. tenha em vista uma realidade bastante diferente daquela que o termo português denota. Ψυχή designa o princípio vital, ou mesmo a vida.

[3] Γνῶσις.

[4] Οὐσία. Serão assinaladas em nota apenas as ocorrências em que οὐσία não designe a substância, mas sim a essência.

[5] Isto é, os seus acidentes (ver Mesquita, pp. 502 ss. e 592). Raras vezes é possível manter a tradução que reconduz o termo ao seu sentido original (caso em que é transcrito em nota), pelo que este será quase sempre vertido por "acidente".

afecções exclusivas da alma, e outras pertencer, por meio dela, também aos animais[6]. De todo o modo, e sob todas as perspectivas, é bem difícil alcançar um conhecimento sobre a alma digno de crédito. | Metodologia | Sendo esta, com efeito, uma investigação comum a muitos outros tratados – refiro-me ao estudo da essência e do que uma coisa é –, poder-se-ia pensar que existe um método único para todos os objetos de que queiramos conhecer a essência, tal como existe, para o estudo dos acidentes próprios[7], a demonstração. Teria de se investigar, consequentemente, que método é esse. Se, pelo contrário, não existe um método único, comum, para investigar o que uma coisa é, <a empresa> torna-se ainda mais difícil, pois será necessário determinar qual é o modo de proceder apropriado a cada caso em particular. E ainda que fique claro se é a demonstração ou a divisão, ou até um outro método qualquer, suscita ainda muitas dificuldades e erros <a determinação daquilo> a partir do qual se deve investigar, pois para coisas diferentes existem diferentes princípios, como no caso dos números e das superfícies. | Questões e sua prioridade | Em primeiro lugar, sem dúvida, é necessário determinar a que gênero pertence a alma e o que é: quer dizer, se é este algo[8] e uma substância, ou se é uma qualidade ou uma quantidade, ou ainda se pertence a uma das outras categorias que já distinguimos; mais, se pertence aos seres em potência ou se é antes algum tipo de ato[9].
402b É que a diferença que isso faz não é pequena. Devemos investigar, também, se a alma é divisível ou indivisível e, além disso, se todas as almas são ou não da mesma espécie; e, se não forem, se é em espécie ou em gênero que diferem. Com efeito, os que atualmente se pronunciam sobre a alma e a

[6] Isto é, algumas afecções pertencem ao composto de corpo e alma, que é o animal. A discussão deste problema tem início em I.1, 403a3.

[7] Sigo Tomás Calvo (p. 132).

[8] Τόδε τι. Isto é, um indivíduo.

[9] Ἐντελέχεια. Traduz-se por "ato" nas ocorrências em que não designa a "realização plena".

investigam parecem examinar apenas a alma humana; ora, temos de precaver-nos, para não nos escapar se existe uma única definição[10] de "alma", como de "animal", ou se existe uma definição diferente para cada tipo de alma – por exemplo, de cavalo, cão, homem, deus –, sendo o universal "animal", neste caso, ou nada, ou posterior. E poder-se-ia perguntar o mesmo a respeito de qualquer outro atributo comum que se predicasse. Já se não existirem diversas almas, mas sim diversas partes da alma, coloca-se a questão de saber se devemos estudar primeiro a alma no seu todo ou as suas partes. Revela-se difícil, ainda, determinar quais dessas partes são diferentes entre si por natureza, e se é preciso investigar primeiro as partes ou as funções das partes – por exemplo, o entender ou a faculdade que entende[11], o percepcionar ou a faculdade perceptiva[12]; e o mesmo se aplica aos demais casos. Mas, se se deve investigar primeiro as funções, poderíamos levantar de novo o problema de saber se se deve investigar os objetos primeiro que as funções – por exemplo, o sensível antes da faculdade perceptiva, e o entendível antes do entendimento[13].

Ora, para ter em vista as causas daquilo que acompanha as substâncias[14], não é útil apenas, parece, conhecer o que uma coisa é (como, no caso da matemática, conhecer o que é uma reta e uma curva, ou uma linha e uma superfície, para perceber a quantos ângulos retos são iguais os ângulos de

---

[10] Λόγος.

[11] Νοητικόν (τό), a parte da alma dotada da capacidade ou do poder de entender (νοεῖν).

[12] Αἰσθητικόν (τό), a parte da alma dotada da capacidade ou do poder de percepcionar com os sentidos (de αἰσθητικός).

[13] Νοῦς. Tradicionalmente, "pensamento intuitivo", "pensamento noético", "inteligência", por oposição a διάνοια. Está em causa a capacidade de apreender ou captar algo por meio do pensamento, por oposição ao "percurso" da διάνοια. Trata-se de um dos mais difíceis conceitos aristotélicos. As traduções tradicionais não satisfazem; "entendimento" não constitui exceção, sendo uma proposta de tradução funcional.

[14] Τὰ συμβεβηκότα. Isto é, os seus acidentes.

um triângulo). Também o conhecimento daquilo que a acompanha[15] contribui, inversamente, em grande parte para conhecer o que uma coisa é. Pois, quando conseguirmos dar conta de tudo aquilo que a acompanha[16] ou da maioria, de acordo com o modo como nos aparece[17], conseguiremos também, então, pronunciar-nos corretamente acerca da es-
403a sência[18] de uma coisa: o ponto de partida de toda a demonstração é, com efeito, o que uma coisa é, de forma que as definições das quais não resulte conhecermos aquilo que a acompanha[19], e que nem sequer facilitem conjecturar-se acerca disso, foram evidentemente consideradas, todas, dialéticas e vazias.

| Afecções da alma | Suscitam nova dificuldade as afecções da alma, a saber: se são todas comuns ao ente que a possui, ou se existe, pelo contrário, alguma afecção exclusiva da alma. É preciso compreender isto, mas não é fácil. Na maioria dos casos, a alma não parece ser afetada nem produzir nenhuma afecção sem o corpo – por exemplo, encolerizar-se, ser ousado, sentir apetites e percepcionar, em geral. O que por excelência parece ser-lhe exclusivo é o entender; mas, se o entendimento é um tipo de imaginação, ou se não existe sem a imaginação, então nem sequer o entendimento poderá existir sem o corpo. Se de fato alguma das funções ou alguma das afecções da alma lhe é exclusiva, esta poderá existir separada do corpo; se, pelo contrário, nada lhe é exclusivo, a alma não poderá existir separadamente. A alma assemelhar-se-á nisso à reta, a qual, enquanto reta, reúne muitas características, tais como a de ser tangente a uma esfera <de bronze> num ponto,

---

[15] Τὰ συμβεβηκότα (ver n. 14).

[16] Τὰ συμβεβηκότα (ver n. 14).

[17] Κατὰ τὴν φαντασίαν. O termo "φαντασία" não é usado aqui em sentido técnico, mas sim no seu sentido etimológico (verbo φαίνω: "mostrar-se", "aparecer").

[18] Οὐσία.

[19] Τὰ συμβεβηκότα (ver n. 14).

embora a reta, separada, não <a possa> tocar desta maneira; ela é, pois, inseparável, se de fato sucede sempre com um corpo. Parece, do mesmo modo, que todas as afecções da alma se dão com um corpo – a ira, a gentileza, o medo, a piedade, a ousadia e ainda a alegria, amar e odiar –, pois em simultâneo com aquelas o corpo sofre alguma afecção. Indica-o o fato de sucederem, por vezes, afecções violentas e visíveis sem que se sinta ira ou temor, ao passo que, outras vezes, somos movidos[20] por pequenas e fracas afecções, por exemplo, quando o corpo está em tensão semelhante à que experimenta quando nos encolerizamos. Esse exemplo torna-o ainda mais claro: por vezes, ainda que nada de assustador aconteça, sentimos as afecções de quem está com medo. Se assim é, as afecções são, evidentemente, formas implicadas na matéria[21] e as definições serão, por consequência, deste tipo: "encolerizar-se é certo movimento de certo corpo, ou de certa parte ou faculdade do corpo, <suscitado> por tal causa e em vista de tal fim". Daí que pertença, desde já, à esfera do físico[22] ter em vista a alma, seja toda a alma[23], seja especificamente esse tipo de alma. Ora o físico e o dialético definiriam de forma diferente cada uma dessas afecções, como, por exemplo, o que é a ira. O último defini-la-ia como um desejo de vingança, ou algo desse tipo; o primeiro, como a ebulição do sangue ou de alguma coisa quente à volta do coração. Destes, um deles dá conta da matéria, o outro da forma específica[24] e da 403b

---

[20] Forma do verbo κινεῖν, "mover". Importa ter em vista que "movimento", κίνησις, é em A. sinônimo de "mudança". É que para A. são movimentos todos os tipos de mudança – substancial, qualitativa, quantitativa e local – e não apenas a mudança de local ou deslocação. Assim, também κινεῖν, "mover", é sinônimo de "mudar".

[21] Λόγοι (ver λόγος) ἔνυλοι.

[22] "Físico" (φυσικός) deve ser entendido no sentido etimológico, isto é, referindo-se ao estudioso da φύσις, a natureza.

[23] Isto é, a alma em geral, no seu todo.

[24] Εἶδος (Tomás Calvo, p. 135).

definição[25]. É que a definição é "o este" da coisa e, a existir, é necessário que isso exista em certo tipo de matéria. Assim, a definição de "casa" seria deste tipo: "é uma proteção capaz de impedir a destruição pelo vento, pelo calor e pela chuva". Então, um dirá que a casa é "pedras, tijolos e madeira"; o outro, que é "a forma[26] existente naqueles[27] em vista de tais fins". Qual desses homens é, afinal, um físico? O que se ocupa da matéria, ignorando a definição[28], ou o que se ocupa apenas da definição?[29] Ou é antes o que algo diz a partir de ambas as coisas? E o que chamar afinal a cada um dos outros? Ou então não existe quem se ocupe das afecções da matéria que não são separáveis, nem sequer <tomando-os apenas> enquanto separáveis? Ora o físico ocupa-se de todas as ações e afecções de certo tipo de corpo e de certo tipo de matéria; todas as que não são desse tipo, deixa-as ao cuidado de outro. Umas dirão respeito, eventualmente, a um perito, conforme o caso – por exemplo, a um carpinteiro ou a um médico. As afecções não separáveis, em virtude de não serem de um determinado tipo de corpo e de derivarem de uma abstração, pertencem ao foro do matemático. Já em virtude de existirem separadamente, competem ao primeiro filósofo[30].

Mas retomemos a exposição onde a deixamos. Dizíamos que as afecções da alma – por exemplo, a coragem e o medo – são inseparáveis da matéria física dos animais, e é enquanto tais que elas lhes pertencem, e não como a linha e a superfície[31].

---

[25] Λόγος.

[26] Εἶδος.

[27] Isto é, nas pedras, nos tijolos e na madeira.

[28] Λόγος.

[29] Λόγος.

[30] Isto é, ao metafísico, o πρῶτος φιλόσοφος.

[31] A linha e a superfície são separáveis da matéria, ao contrário das afecções da alma.

2. A investigação sobre a alma. Doutrinas legadas pelos antecessores: Conhecimento e movimento

| Ponto de partida da investigação | Ao investigarmos a alma é necessário, ao mesmo tempo, colocando as dificuldades a serem resolvidas à medida que avançamos, recolher as opiniões de quantos dos nossos antecessores afirmaram algo a respeito da alma, para acolhermos o que de correto disseram e, se incorreram em algum erro, nos precavermos relativamente a ele. O ponto de partida da investigação consiste em apresentar as características que mais especialmente[32] se julga que pertencem à alma por natureza. Ora, o animado parece diferir do inanimado principalmente em dois aspectos: no movimento e no percepcionar. E foram essas duas, aproximadamente, as doutrinas que os nossos antecessores nos transmitiram acerca da alma. | Alma e movimento | A alma é, acima de tudo e em primeiro lugar, afirmam alguns, aquilo que move. Pensando estes, então, que o que não se move não é capaz de mover outra coisa, supuseram que a alma é um dos seres que se movem. | Demócrito | Por isso Demócrito disse que a alma é uma espécie de fogo e uma coisa quente. Das figuras e átomos[33] em número infinito, chamou ele aos de forma esférica "fogo" e "alma" (eles são como as chamadas "poeiras" existentes no ar, que são visíveis nos raios solares, através das janelas); e a mistura primordial de todos os átomos constitui, segundo disse, os elementos da natureza no seu todo (Leucipo posicionou-se da mesma maneira). Daqueles, os que possuem uma forma esférica são alma, porque tais figuras[34] são as mais aptas a esgueirar-se por entre tudo e, estando elas mesmas em movimento, a mover o resto.

---

[32] Quer dizer, com maior propriedade.

[33] Σχήματα (ver σχῆμα) e ἄτομα (ver ἄτομον). A. identifica, aqui como em outras passagens, σχήματα com ἄτομα.

[34] Ῥυσμοί é entendido como sinônimo de σχήματα (ver σχῆμα).

Supõem, ainda, que a alma é o que fornece o movimento aos animais. E é por esse motivo que consideram igualmente a respiração uma fronteira do viver: quando o meio envolvente comprime os corpos, expulsando as figuras que fornecem movimento aos animais (por elas mesmas nunca repousarem), chega o auxílio mediante a introdução, do exterior, de outras figuras do mesmo tipo no ato de respirar. E essas mesmas figuras impedem que as já existentes nos animais escapem, ao reprimirem o que as comprime e condensa[35]. Os animais vivem, de fato, enquanto conseguem fazer isso.

| Pitagóricos | A doutrina dos pitagóricos parece apresentar o mesmo raciocínio: a alma é as poeiras que estão no ar, segundo uns, ou é, julgaram outros, o que as move. Afirmaram isso a respeito daquelas poeiras porque parecem mover-se continuamente, mesmo quando não há nenhum movimento do ar. Para o mesmo se inclinam quantos dizem ser a alma o que se move a si mesmo. É que todos estes parecem ter suposto que o movimento é a qualidade mais própria da alma, e que, movendo-se todas as outras coisas por causa da alma, esta também é movida por si mesma. Consideraram isso por não terem visto nada que mova sem que esteja, também, em movimento. | Anaxágoras e Demócrito | Anaxágoras, de modo semelhante, diz ser a alma que move, ele e ainda todos os que disseram que o entendimento pôs o universo em movimento. Não é exatamente esta a perspectiva de Demócrito. É que este disse, simplesmente, que a alma e o entendimento são o mesmo, <tal como são o mesmo> o que é verdadeiro e aquilo que aparece[36]. Por isso, <na sua opinião>, corretamente cantou Homero que "Heitor jaz de sentidos perdidos"[37]. Ele não emprega "entendimento" como uma faculdade relativa à verdade; an-

[35] Isto é, ao reprimir o meio envolvente (περιέχον).

[36] Quer dizer, Demócrito identificou verdade com aparência.

[37] O verbo em causa é ἀλλοφρονεῖν. O verso, na forma citada, não existe na *Ilíada*. O verbo ocorre em *Il.* 23.698, mas aplicado a Eurílalo, não a Heitor (morte de Heitor: ver 22.337).

tes, diz que alma e entendimento são o mesmo. Anaxágoras, por sua vez, é menos claro a esse respeito. Em vários locais ele afirma que a causa do belo e da ordem é o entendimento, enquanto em outros trechos diz que ele é a alma – por exemplo, quando diz que existe em todos os animais, pequenos e grandes, nobres e menos nobres. O entendimento, todavia, tido por sensatez, não parece pertencer de um modo semelhante a todos os animais, nem sequer a todos os homens.

Todos os que, por um lado, tiveram em vista o fato de o ser animado se mover supuseram, pois, que a alma é aquilo que é mais capaz de mover[38]. Já os que, por outro lado, tiveram em vista o fato de o ser animado conhecer e percepcionar os entes disseram que a alma se identifica com os princípios: se consideram muitos, identificam-na com todos; se apenas um, identificam-na com esse. | EMPÉDOCLES | É o caso de Empédocles. Afirmou ele que a alma é composta de todos os elementos e que cada um deles é alma, ao pronunciar-se assim:

> vemos pois a terra pela terra, e pela água a água, pelo ar o
> divino ar; já pelo fogo, o fogo destruidor,
> e pelo amor o amor, e ainda o ódio pelo triste ódio.[39]

| PLATÃO, *TIMEU* | Do mesmo modo constrói Platão, no *Timeu*, a alma a partir dos elementos[40]: o semelhante é conhecido pelo semelhante, afirma ele, e as coisas são compostas dos princípios. Analogamente, no escrito denominado *Sobre a Filosofia*[41] especificou-se que o animal em si

---

[38] Τὸ κινητικώτατον. Forma de superlativo de κινητικός.

[39] Empédocles, DK B109.

[40] *Timeu*, 34c ss.

[41] Ἐν τοῖς Περὶ Φιλοσοφίας λεγομένοις. A expressão suscita polêmica, tendo sido alvo de diversas interpretações. Ross (*comm. ad loc.*) entende que A. se refere a um seu diálogo *Sobre a Filosofia*, perspectiva que aqui seguimos; outros defendem que a referência é às lições de Platão, ou mesmo a Xenócrates. Ver Ross, *comm. ad loc.*, e Rodier, *comm. ad loc.* (síntese do proble-

deriva da própria ideia[42] de Uno e da extensão, largura e profundidade primeiras, sendo o resto composto da mesma maneira. Essa perspectiva foi ainda apresentada de outro modo: o entendimento é o Uno, ao passo que a ciência é a Díade (pois avança numa direção única até uma coisa), o número da superfície é a opinião, a percepção sensorial[43] é o número do sólido. Disseram que os números são, com efeito, as próprias formas[44] e os princípios, e que derivam dos elementos; e ainda que certas coisas são apreendidas pelo entendimento, outras pela ciência, outras pela opinião e ainda outras pela percepção sensorial; e esses números são as formas[45] das coisas. E, como julgavam que a alma possuía as capacidades de imprimir movimento e de conhecer[46], alguns afirmaram, a partir de ambos os aspectos, que a alma é um número que se move a si mesmo. Verificam-se, no entanto, divergências. Por um lado, quanto à natureza e à quantidade dos princípios, especialmente entre os <pensadores> que os tornam corpóreos e os que os tornam incorpóreos e, além disso, entre todos estes e os que, combinan-
405a do ambas as perspectivas, derivam os princípios de uns e de

ma com indicações bibliográficas). Tomás Calvo (p. 140, n. 7) considera não ser seguro que este tratado seja aquele a que A. alude em *Ph.* IV.2, 209b14-5, salientando que, embora não o possamos identificar, "tanto su procedencia como su contenido son platónicos".

42 Ἰδέα.

43 Αἴσθησις. O termo não se refere sempre à mesma realidade; A. faz dele uma utilização ambígua, que nos obriga a oscilar, em português, entre "sensação" e "percepção" (e os seus correlatos: "sensível", "perceptível", "perceptivo", "percepto"). Além dos sentidos, pode estar em causa a percepção no seu todo (isto é, a capacidade de apreender) ou unicamente uma fração dela, respeitante à impressão exclusiva de um sentido (sensação). Para mais, a percepção não se restringe ao campo sensorial, pois a captação da realidade não se faz apenas por intermédio dos sentidos (Mesquita, pp. 515 ss.).

44 Εἴδη, ver εἶδος.

45 Εἴδη, ver εἶδος.

46 As características da alma são: κινητικόν (motor, capaz de imprimir movimento) e γνωριστικόν (capaz de conhecer).

outros[47]. Por outro lado, divergem quanto ao número de princípios: uns dizem que é um, outros que são vários. Uns e outros explicam a alma de acordo com as suas perspectivas, sustentando, com razão, que o que é capaz de mover a natureza faz parte dos primeiros princípios. Daí parecer a alguns que a alma é fogo, pois é, dentre os elementos, o mais sutil[48] e o mais incorpóreo; além disso, é o fogo que primordialmente se move e move as outras coisas.

| Demócrito | Foi Demócrito quem exprimiu com maior agudeza o que motiva cada uma dessas características: a alma e o entendimento são o mesmo e são um dos corpos primários e indivisíveis e capaz de imprimir movimento devido à pequenez das suas partículas e à sua figura. Das figuras, diz Demócrito que a de maior mobilidade é a esférica, e que essa é a forma quer do entendimento, quer do fogo. | Anaxágoras | Já Anaxágoras parece dizer que a alma e o entendimento são coisas diferentes, como afirmamos atrás. Mas ele usa ambos, na verdade, como <se fossem> uma única natureza, ainda que coloque especificamente o entendimento como princípio de todas as coisas. Afirma ele, de qualquer modo, que o entendimento é, dentre os entes, o único simples, sem mistura e puro; atribui, todavia, ao mesmo princípio ambas as características, o conhecer[49] e o mover, ao dizer que o entendimento pôs o todo em movimento. | Tales | Tales parece ter percebido também a alma como algo capaz de mover – a avaliar pelo que se recorda das suas perspectivas –, se de fato afirmou que o ímã possui alma por mover o ferro. | Diógenes | Já Diógenes, como outros, afirmou que a alma é ar, por acreditar que o ar é, de todos os elementos, o mais sutil, e por ser também princípio. Por isso a alma conhece e move: conhece, enquanto elemento primordial e de que tudo o resto deriva; e é capaz de

---

[47] Isto é, de elementos corpóreos e de elementos incorpóreos.

[48] Λεπτομερέστατον. Forma de superlativo de λεπτομερής (lit., "composto de partículas sutis").

[49] Γινώσκειν.

mover por ser o mais sutil. | Heráclito | Também Heráclito disse que o princípio é alma, por ser a exalação de que se compõe tudo o resto; além disso, que se trata do elemento mais incorpóreo e flui perpetuamente; mais, que apenas por aquilo que se move é conhecido aquilo que se move – pois, com a maioria <dos pensadores>, Heráclito considerou que todos os entes se encontram em movimento.

| Alcméon | Alcméon parece ter sustentado, no que toca à alma, perspectivas semelhantes às dos referidos <pensadores>: a alma é imortal, afirmou, por se assemelhar aos seres imortais. E essa característica pertence-lhe por estar sempre em movimento, pois se movem também todas as coisas divinas continuamente e sempre (a lua, o sol, os astros e o firmamento inteiro). | Hípon | Dos <pensadores> mais superficiais, alguns disseram que a alma é água, como Hípon. Parecem ter-se persuadido disso por causa de o sêmen de todos os animais ser úmido. Hípon refuta, pois, quem identifica a alma com o sangue, alegando que o sêmen, que é a alma primária[50], não é sangue. | Crítias | Outros ainda, como Crítias, identificaram a alma com o sangue, defendendo que o percepcionar é a coisa mais característica da alma, e que isso lhe pertence pela natureza do sangue. Todos os elementos receberam, pois, um defensor, exceto a terra, a favor da qual ninguém se pronunciou, a não ser quem tenha dito que a alma é composta de todos os elementos, ou que ela se identifica com todos eles.

Ora, todos definem a alma, por assim dizer, mediante três características: movimento, percepção sensorial e incorporeidade. E cada uma dessas características é reconduzida aos princípios. Por isso, os que a definem pelo fato de conhecer fazem dela um elemento ou algo derivado dos elementos. As suas perspectivas são, de uma forma geral, concordantes, exceto uma[51]: o semelhante é conhecido pelo semelhante, dizem; e, uma vez que a alma conhece todas as

[50] Πρώτη (ver πρῶτος) ψυχή.

[51] Trata-se da doutrina de Anaxágoras. Ver I.2, 405b20.

coisas, consideram-na composta de todos os princípios. Assim, quantos dizem que existe uma única causa e um único elemento também estabelecem que a alma é esse único elemento, por exemplo, o fogo ou o ar; ao invés, os que dizem que os princípios são múltiplos tornam também a alma múltipla. | Anaxágoras | Apenas Anaxágoras disse que o entendimento é impassível e que nada tem em comum com qualquer outra coisa. Mas, sendo essa a sua natureza, como e por que ele conhece, nem Anaxágoras explicou, nem conseguimos esclarecê-lo a partir das suas afirmações. Mais, todos os que consideram entre os princípios os pares de contrários compõem também a alma de contrários; já os que elegem um dos contrários (por exemplo, quente ou frio, ou outro desse tipo) sustentam, similarmente, que a alma é um deles. Por isso também se guiam pelos nomes, uns dizendo que a alma é o quente <(θερμόν)>, pois por causa disso <isto é, de ζεῖν (ferver)> se usa a palavra ζῆν <(viver)>[52]; outros dizem que a alma é o frio, pois a ψυχή chama-se assim por causa <de ψυχεῖν (arrefecer), isto é,> da respiração e do arrefecimento que dela resulta.

São essas as perspectivas que nos foram transmitidas a respeito da alma e as razões pelas quais foram expressadas dessa maneira.

3. A investigação sobre a alma. Doutrinas legadas pelos antecessores: Movimento da alma

| Movimento | Primeiro temos de examinar o que respeita ao movimento. Não é apenas falso, sem dúvida, que a essência[53] da alma seja como sustentam os defensores de 406a
que ela é aquilo que se move ou que é capaz de se mover a si mesmo; trata-se, antes, de uma impossibilidade que o movimento pertença à alma. Ora, com efeito, não é necessário

[52] Ver Tricot (pp. 25-6, n. 5).

[53] Οὐσία.

que o que move esteja, ele mesmo, em movimento; já anteriormente o disse[54]. Movendo-se tudo, então, de duas maneiras – ou por outra coisa ou por si mesmo –, dizemos que é movido por outra coisa tudo o que se move por estar numa coisa que está em movimento. Por exemplo, os marinheiros: eles não se movem, pois, da mesma maneira que o barco. Este se move por si mesmo, ao passo que aqueles se movem por estarem dentro de uma coisa que está se movendo. Tal é evidente no caso dos membros <do corpo>: é a marcha o movimento próprio dos pés, e assim também dos homens; não é esse, todavia, o movimento dos marinheiros. Dizendo-se, então, "ser movido" em dois sentidos, examinemos agora se é por si mesma que a alma se move e participa do movimento.

Existindo, então, quatro tipos de movimento – deslocação, alteração, perecimento e crescimento[55] –, mover-se-á a alma mediante um, ou vários, ou todos esses tipos de movimento. | Movimento por natureza e por acidente | Ora, se a alma não se mover por acidente, o movimento pertencer-lhe-á por natureza; e, a ser assim, também lhe pertencerá por natureza um lugar, porque todos os movimentos referidos ocorrem num lugar. Mas, se mover-se a si mesma é a essência[56] da alma, então o movimento não lhe pertencerá por acidente, como <sucede> à brancura ou à altura de três cúbitos. É que estes também se movem, mas por acidente: pertencem ao corpo, e é esse que se move; por isso é que não possuem um lugar próprio. Já a alma terá um lugar, se efetivamente participar por natureza do movimento. Mais, se se mover por natureza, mover-se-á igualmente pela força; e, se se mover pela força, mover-se-á também por natureza. O mesmo se aplica ao repouso, pois aquilo em direção ao qual se move por natureza é onde repousará também por natureza; do mesmo modo, aquilo em direção ao qual

[54] Ver *Ph.* VIII.5, 256a3 ss.

[55] Φορά, ἀλλοίωσις, φθίσις, αὔξησις.

[56] Οὐσία.

se move pela força é onde repousará também pela força. Já de que natureza seriam os movimentos e os repousos forçados da alma, isso nem para os que se esforçam por imaginá-lo é fácil explicar. Acrescente-se, por serem tais os movimentos próprios desses corpos, se a alma se mover no sentido ascendente, será fogo; se se mover no sentido descendente, será terra. E o mesmo raciocínio[57] aplica-se aos movimentos intermédios. Mais, como a alma parece mover o corpo, faz sentido que lhe imprima os movimentos com que ela mesma se move. Só que, a ser assim, também se pode afirmar ser verdade o inverso, que o movimento com que o corpo se move é também o que a move. Ora, o corpo move-se por deslocação; consequentemente, a alma também mudará de lugar, no seu todo ou pela mudança de lugar das suas partes. E, se isso for possível, será possível ainda que a alma, tendo partido do corpo, nele entre novamente; e tal acarretaria que os animais mortos pudessem ressuscitar.

No que respeita ao movimento por acidente, a alma poderá ser movida por outra coisa, pois o animal pode ser deslocado pela força. De qualquer modo, porém, uma coisa que se move por si mesma em essência[58] não pode ser movida por outra coisa a não ser por acidente, tal como o bom para si ou por si não o é por meio de outra coisa ou em vista de outra coisa. Se de fato a alma se movesse, poder-se-ia dizer que o mais provável seria que fosse movida pelos sensíveis. Mais, se a alma se mover a si mesma, ela estará em movimento. E, se todo o movimento é, pois, um deslocamento do objeto movido enquanto tal, também a alma sofrerá, consequentemente, um afastamento da sua própria essência[59] – isso caso não seja por acidente que a alma mova a si mesma, mas, pelo contrário, o movimento pertença à sua essência[60] por si mesma.

---

[57] Λόγος.

[58] Οὐσία.

[59] Οὐσία.

[60] Οὐσία.

Alguns afirmam que a alma move o corpo em que existe do mesmo modo que move a si mesma. | Demócrito | É o caso, por exemplo, de Demócrito, que se pronuncia de modo semelhante ao comediógrafo Filipo. Este conta que Dédalo fez com que a sua Afrodite de madeira se movesse derramando prata derretida sobre ela[61]. Demócrito pronuncia-se de modo semelhante: as esferas indivisíveis, que, pela sua natureza, não podem nunca permanecer em repouso, arrastam e movem o corpo todo. Mas nós havemos de perguntar-nos se são esses mesmos átomos esféricos que produzem também o repouso; como o fariam, é difícil dizer, ou mesmo impossível. E não é, de todo, assim que a alma parece mover o animal, mas sim mediante algum tipo de escolha e pensamento[62].

| Proposta de Platão, *Timeu* | É do mesmo modo que Timeu[63] explica, da perspectiva da física, que a alma move o corpo: por estar ligada ao corpo, ao mover-se, ela move também aquele. Depois de ter composto a alma a partir dos elementos e de a ter dividido de acordo com os números harmônicos, de maneira que ela possuísse sensação congênita da harmonia e que o universo se movesse com movimentos harmônicos, <o demiurgo> encurvou a linha reta num círculo; tendo dividido a unidade em dois círculos, que
407a se interceptam em dois pontos, dividiu, ainda, um desses em sete círculos, de modo que as revoluções do céu coincidissem com os movimentos da alma.

| Discussão da proposta | Em primeiro lugar, não é correto afirmar que a alma é uma grandeza. É claro que o

---

[61] Dédalo é o mítico arquiteto, escultor e inventor de recursos mecânicos, autor do famoso labirinto onde o rei de Creta prendeu o Minotauro. Dédalo terá esculpido estátuas animadas, a que Platão alude no *Ménon* (ver P. Grimal, "Dédalo", *Dicionário de Mitologia Grega e Romana*, trad. coord. por V. Jabouille, Dífel, [Lisboa, 1999], p. 113; Platão, *Ménon*, trad. e notas de Ernesto Gomes, Lisboa, 1993², 97d, n. 6, p. 125).

[62] Νόησις, que neste contexto deve ser entendido no sentido de διάνοια (ver Rodier, *comm. ad loc.*).

[63] Timeu, personagem do diálogo platônico com o mesmo título.

que <Platão> quer dizer <no *Timeu*> é que a alma do universo é algo do tipo daquilo a que chamamos "entendimento" (não, certamente, como a alma perceptiva nem como a apetitiva[64], pois o movimento destas não é circular). Mas o entendimento é uno e contínuo[65], como também o pensamento é. Este se identifica com os pensados, cuja unidade se deve à sua sucessão, como a do número, não como a de uma grandeza. Por isso, não é dessa maneira que o entendimento é contínuo; ou de fato não tem partes, ou é algo contínuo, mas não como uma grandeza o é. Além disso, como entenderá, sendo uma grandeza? Com qualquer uma das suas partes? Mas as partes percebidas no sentido de uma grandeza ou de um ponto, se se deve chamar "parte" a isso? Se entender, efetivamente, com uma parte <percebida> no sentido de um ponto, existindo os pontos numa quantidade infinita, é óbvio que o entendimento nunca os percorrerá até o fim; já se entender com uma parte <percebida> no sentido de uma grandeza, entenderá o mesmo vezes e vezes sem conta, quando manifestamente o pode fazer apenas uma vez. Ora, se para a alma é suficiente contatar com uma parte qualquer, por que precisa se mover em círculo ou ter, de todo, uma grandeza? Se para entender é necessário, contudo, que contate com todo o círculo, de que significado se reveste o contato com as partes? Além disso, como entenderá o divisível mediante o que não tem partes, ou o que não tem partes mediante o divisível? O entendimento será, necessariamente, o referido círculo, pois o movimento do entendimento é que é o pensamento, e o do círculo é a revolução[66]. E, se o pensamento é, com efeito, um movimento de revolução, então o entendimento será o círculo do qual uma

[64] ’Επιθυμητικόν, a parte da alma dotada da capacidade ou do poder de sentir apetites (ἐπιθυμεῖν).

[65] Συνεχής. "Contínuo" é um termo ambíguo, pois pode designar a propriedade de um objeto (por exemplo, uma linha contínua) ou aquilo pelo qual objetos distintos se tornam contínuos.

[66] Περιφορά.

revolução desse tipo é o pensamento. E o que estará sempre a ser entendido? Pois algo terá de estar sempre a ser entendido, se de fato a revolução é eterna. Ora, há limites para todos os pensamentos práticos[67] – pois todos existem em vista de outra coisa – , enquanto os teóricos são delimitados do mesmo modo que os seus enunciados[68]. Ora, todo o enunciado[69] é uma definição[70] ou uma demonstração. As demonstrações partem de um princípio e possuem de algum modo um fim, o silogismo ou a conclusão (e, mesmo que não alcancem um fim, não regressam, de modo algum, ao princípio; vão assumindo sempre termos médios e extremos, avançando em linha reta, ao passo que o movimento de revolução regressa ao princípio). Todas as definições[71] são também limitadas. Além disso, se a mesma revolução se dá repetidamente, o entendimento também terá de entender o mesmo repetidamente. Mais, o pensamento parece consistir em certo repouso e parada, mais do que em movimento; e o mesmo se pode dizer do silogismo. Além de que o que não é fácil, mas sim forçado, não é feliz. Assim, se o movimento não é a essência da alma, a alma mover-se será contrário à sua natureza[72]. Acrescente-se que deve ser penoso para a alma estar misturada com o corpo sem poder libertar-se dele. Por isso, tal deve ser evitado, se de fato é melhor para o entendimento não estar unido a um corpo, como habitualmente se diz e merece amplo acordo. Mais, não fica claro o motivo pelo qual o céu se move em círculo, pois a essência da alma não é a razão de mover-se em círculo (é por acidente que ela se move dessa maneira), nem é o corpo o motivo (antes seria a alma, de preferência a este). Nem sequer se diz, além disso, que tal é melhor. Ainda as-

[67] Πρακτικαὶ νοήσεις (ver νόησις).

[68] Λόγοι (ver λόγος). Sigo Ross (p. 185) e Tricot (p. 36).

[69] Λόγος.

[70] Ὁρισμός.

[71] Ὁρισμοί (ver ὁρισμός).

[72] Sigo Tomás Calvo (p. 150), aceitando a lição μή.

sim, o deus deve ter feito a alma mover-se em círculo por ser melhor para ela mover-se do que estar em repouso, e mover-se desta maneira e não de outra.

Uma análise desse tipo, porém, é mais apropriada a outros estudos. Deixemo-la, assim, por agora. | Relação entre corpo e alma | Há contudo algo de absurdo, tanto nesta doutrina quanto na maioria das doutrinas acerca da alma: põem em contato corpo e alma, e introduzem a alma no corpo sem especificarem melhor por que motivo e como o corpo se comporta. E isso, no entanto, há de parecer necessário, pois se deve a essa comunhão[73] o fato de um produzir afecções e o outro ser afetado, um ser movido e o outro movê-lo, sendo que tal interação não se verifica entre coisas ao acaso. Esforçam-se apenas, todavia, por dizer que tipo de coisa é a alma[74]; acerca do corpo que a acolhe, nada mais definem, como se fosse possível, de acordo com os mitos pitagóricos, que uma alma ao acaso se alojasse em qualquer corpo. É que cada coisa parece possuir forma específica – quer dizer, estrutura[75] – própria. Eles exprimem-se, no entanto, como se se dissesse que a técnica do carpinteiro se alojou nas flautas: é preciso, pois, que a técnica use as suas ferramentas, e a alma o seu corpo.

4. A investigação sobre a alma. Doutrinas legadas pelos antecessores: Alma como harmonia e número

| Alma-harmonia | Foi-nos transmitida outra opinião sobre a alma, convincente para muitos, e não inferior a nenhuma das já referidas, e que, além disso, teve de prestar contas, como perante juízes, em discussões havidas em pú-

[73] Κοινωνία.

[74] Ποῖόν τι ἡ ψυχή. Lit., "que tipo de coisa a alma é". Ποῖον, uma das categorias aristotélicas, refere-se à qualidade de uma coisa.

[75] Εἶδος καὶ μορφή.

blico[76]. Uns dizem, pois, que a alma é uma harmonia, porque uma harmonia é uma mistura e uma composição de contrários e o corpo é composto de contrários. No entanto, e embora a harmonia seja uma certa proporção[77], ou uma composição das coisas misturadas, a alma não pode ser nenhuma dessas coisas. Além disso, mover não é próprio de uma harmonia: ora, é esta característica, em especial, que todos, por assim dizer, concedem à alma. É mais adequado chamar "harmonia" à saúde e, de uma maneira geral, às virtudes corpóreas do que à alma. Isso se torna mais claro se se tentar atribuir a certa harmonia as afecções e as funções da alma, pois será difícil conciliá-la com estas. Para mais, se dizemos "harmonia" tendo em vista dois sentidos distintos – em sentido primário, <designa> a composição das grandezas que possuem movimento e posição[78], quando se combinam a fim de não admitir uma coisa do mesmo gênero; e em outro sentido, derivado do primeiro, a proporção[79] das coisas misturadas –, não é razoável aplicar à alma nenhum deles. Que a alma é uma composição das partes do corpo, isso é muito fácil de refutar: são muitas as composições das partes, e elas compõem-se de diversas maneiras. De que coisa, então, ou de que forma teríamos de admitir que o entendimento, ou a faculdade perceptiva, ou a desiderativa[80] são uma composição? É similarmente descabido que a alma seja a proporção[81] da mistura, pois a mistura dos ele-

[76] Frase problemática. A corrupção do texto dificulta o seu estabelecimento, suscitando lições diversas. O trecho corrupto corresponde ao que aqui traduzimos por "em discussões havidas em público" (Tomás Calvo, p. 152, n. 13), e que outros, propondo outras lições, fazem aludir a um tratado de identidade incerta. Ver discussão em Ross, *comm. ad loc.*, e Tricot (p. 39, n. 2).

[77] Λόγος τις.

[78] Θέσις.

[79] Λόγος.

[80] 'Ορεκτικόν (τό), a parte da alma dotada da capacidade ou do poder de desejar.

[81] Λόγος.

mentos não tem a mesma proporção[82] na carne que nos ossos. Daí resultaria haver muitas almas e por todo o corpo, se de fato, por um lado, todas <as partes do corpo> são compostas de elementos misturados e, por outro, a proporção[83] da mistura é harmonia, ou seja, alma.

Poder-se-ia perguntar o seguinte a Empédocles: diz ele que cada uma das partes existe numa proporção[84]; ora, a alma é a proporção[85] ou é antes uma coisa distinta que se gera nos membros? Além disso, é a amizade[86] a causa de alguma mistura ocasional, ou de outra de acordo com a proporção?[87] E, nesse caso, é a amizade a proporção[88] ou algo distinto da proporção?[89] Aquelas perspectivas suscitam, com efeito, dificuldades desse tipo.

Se a alma, todavia, é outra coisa que não a mistura, por que ela perece em simultâneo com o ser[90] da carne e das outras partes do animal? Mais, se de fato não é verdade que cada uma das partes tenha uma alma, e se a alma não é a proporção[91] da mistura, o que se destrói quando a alma abandona <o corpo>?

Fica claro, com toda a certeza, a partir do que já dissemos, que a alma não pode ser uma harmonia nem deslocar-se em círculo. | Movimento (continuação) | Mas por acidente pode mover-se, como dissemos[92], e mover-se a si mesma: pode mover-se aquilo em que a alma está, e isso pode ser movido por ela; de outra maneira, no entanto, a alma não

[82] Λόγος.
[83] Λόγος.
[84] Λόγος.
[85] Λόγος.
[86] Φιλία.
[87] Λόγος.
[88] Λόγος.
[89] Λόγος.
[90] Εἶναι (τό).
[91] Λόγος.
[92] Ver I.3, 406a30-b5-8.

pode mover-se espacialmente[93]. Poderíamos, com maior
408b propriedade, questionar-nos se a alma se move tendo em atenção os seguintes fatos. Dizemos que a alma se entristece, se alegra, sente confiança, se amedronta e ainda que se encoleriza, percepciona, discorre[94]. Ora, todas essas coisas são consideradas movimentos, o que poderia levar-nos a achar que a alma se move; mas isso não é necessariamente assim[95]. Se entendermos que sobretudo entristecer-se, alegrar-se ou discorrer são movimentos, que cada um deles é um "ser movido", e que o mover-se se dá por ação da alma (por exemplo, encolerizar-se ou ter medo são o coração a mover-se de certa maneira, e discorrer é, similarmente, aquele órgão ou um outro a mover-se); que, dessas afecções, algumas se dão por deslocação dos órgãos movidos, outras pela sua alteração (de que natureza são e como sucedem é outro assunto) – dizer que a alma se encoleriza é como se se dissesse que tece ou constrói. Seria melhor, sem dúvida, não dizer que a alma se apieda, ensina ou discorre, mas sim o homem com a sua alma. Tal não significa que o movimento exista na alma, mas sim que umas vezes termina nela, outras parte dela. Por exemplo, a percepção sensorial parte de determinados objetos, enquanto a reminiscência[96] parte da alma para os movimentos ou vestígios de movimentos nos órgãos sensoriais.

O entendimento, no entanto, parece ser, na origem, certa substância que existe e não estar sujeito a corrupção[97], pois, caso pereça, será acima de tudo pelo enfraquecimento na velhice. Acontece, porém, como no caso dos órgãos sensoriais: se um ancião arranjasse um olho apropriado, veria como um jovem. A velhice não se deve, consequentemente,

---

[93] Isto é, deslocar-se. Trata-se do movimento κατὰ τόπον.

[94] Διανοεῖν. Tradicionalmente, "pensar". A tradução por "discorrer" pretende vincar que A. designa dessa maneira um processo, um percurso, por oposição à percepção não mediata de νοεῖν.

[95] Quer dizer, de uma coisa não decorre necessariamente a outra.

[96] Ἀνάμνησις.

[97] Sigo Tomás Calvo (p. 155) e Tricot (p. 45).

ao fato de a alma ser afetada de alguma maneira, mas sim ao fato de ser afetado aquilo em que ela está, como é o caso da embriaguez e das doenças. O entender e o contemplar[98] perecem com a destruição de algum outro órgão interno[99], mas o entendimento é, em si mesmo, impassível. Discorrer, amar ou odiar não são afecções daquele[100], mas daquilo que o possui, enquanto seu possuidor. Por isso, perecendo aquele, nem se recorda nem se ama: é que tais afecções não eram dele, mas sim de algo comum que pereceu. Já o entendimento é, sem dúvida, algo mais divino e impassível.

Fica claro, a partir desses fatos, que a alma não pode mover-se; e, se não se move de todo, é evidente que não se move por si mesma.

| ALMA-NÚMERO | De todas as perspectivas apresentadas, a menos razoável é a que afirma ser a alma um número que move a si mesmo. Aos defensores dessa hipótese sobrevêm, à partida, impossibilidades decorrentes não só de <a alma> se mover, mas também específicas da afirmação de que ela é um número. Pois como se deve considerar que uma unidade se move? E movida pelo quê, e como, não tendo partes e sendo indiferenciada? É que, enquanto capaz de mover e móbil, tem de possuir diferenças. Mais, como dizem que uma linha que se move gera uma superfície, e um ponto uma linha, os movimentos das unidades também serão linhas, pois o ponto é uma unidade que ocupa uma posição. Mas o número da alma já existe num lugar[101] e ocupa uma posição. Além disso, se de um número subtrairmos outro número ou uma unidade, resulta um número diferente; mas as plantas e muitos animais permanecem vivos depois de seccionados e parecem possuir a mesma alma em espécie[102]. Poderá parecer que não faz diferença, no entanto,

[98] Θεωρεῖν (Tomás Calvo, p. 155).

[99] Sigo Tomás Calvo (p. 155) e Tricot (p. 46).

[100] Isto é, do entendimento.

[101] Πoυ.

[102] Εἶδος.

que lhes chamemos "unidades" ou "corpúsculos"[103], pois se fizermos das esferas de Demócrito pontos, mantendo-se apenas a quantidade, haverá em tais pontos algo que move e algo que é movido, tal como no contínuo. Não é, pois, da diferença de grandeza ou de pequenez que decorre o que acabamos de dizer, mas sim de ser uma quantidade. Por isso, tem de existir necessariamente algo que mova as unidades. Então, se no animal é a alma o que move, sê-lo-á também no número, de forma que a alma não será o que move e o que é movido, mas o que apenas move. E como é possível que a alma <(na qualidade de motor)> seja uma unidade? É preciso, pois, que difira das outras em alguma coisa; mas que diferença poderá haver entre pontos unitários, a não ser a posição? Se, de fato, as unidades existentes no corpo e os pontos são diferentes <dos da alma>, no mesmo lugar estarão as unidades <de um e de outro>, pois cada unidade ocupará o lugar de um ponto. E mais, se podem estar dois pontos no mesmo lugar, o que impede que esteja uma infinidade? As coisas, pois, cujo lugar é indivisível, são, também elas, indivisíveis. Se, no entanto, os pontos do corpo são o número da alma, ou então se o número dos pontos do corpo é a alma[104], por que é que nem todos os corpos possuem alma? É que nos parece existirem pontos em todos os corpos, e em número infinito. Acrescente-se ainda, como é possível separar e libertar dos corpos os pontos, se as linhas não são divisíveis em pontos?

5. A investigação sobre a alma. Doutrinas legadas pelos antecessores: Continuação; alma composta de elementos

| ALMA-NÚMERO (continuação) | Daí resulta, como dissemos[105], que, por um lado, os defensores daquela perspectiva

---

[103] Σωμάτια μικρά.

[104] Sigo a interpretação de Tricot (p. 50).

[105] Ver I.4, 408b33 ss.

dizem o mesmo que quantos estabelecem ser a alma certo corpo sutil; por outro, ao afirmarem que o movimento se dá por ação da alma, como Demócrito, caem no absurdo que 409b lhe é próprio. Se, de fato, a alma existe em todo o corpo capaz de percepcionar, e se a alma é um corpo, então dois corpos existirão necessariamente no mesmo lugar. Assim, para os que dizem ser a alma um número, ou num único ponto existirão diversos pontos, ou todo o corpo[106] possuirá alma – a não ser que se gere <em nós> um número diferente, diverso do número de pontos que existem nos corpos. Daqui resulta, igualmente, que o animal é movido por um número, como dissemos que também de acordo com Demócrito <o animal> se move. Que diferença faz, pois, dizer "pequenas esferas" ou "grandes unidades", ou, de uma forma geral, "unidades em movimento"? De uma maneira ou de outra, o animal move-se, necessariamente, por aquelas se moverem. Da perspectiva dos que associam num mesmo princípio o movimento e o número decorrem essas e muitas outras dificuldades do mesmo tipo. É impossível, assim, não só que tais características constituam a definição[107] de alma, mas até que sejam algo que a acompanha[108]. Tal se torna evidente se tentarmos explicar, a partir daquela definição, as afecções e as funções da alma, tais como os raciocínios[109], as sensações, os prazeres, as dores e quantas outras desse tipo. É que, como dissemos anteriormente[110], a partir daquelas características[111] não seria fácil nem sequer adivinhar estas.

| Definição de "alma" | Foram-nos legadas três maneiras de definir a alma: é o que maior capacidade tem de imprimir movimento, disseram uns, por mover a si mesmo; outros, que é, de todos os corpos, o mais sutil ou o mais in-

[106] Isto é, todos os corpos que existem.

[107] Ὁρισμός.

[108] Συμβεβηκός. Quer dizer, acidentes seus.

[109] Λογισμοί (ver λογισμός).

[110] Ver I.1, 402b25-403a2.

[111] Quer dizer, o automovimento e o número.

corpóreo[112]. Isso suscita muitas dificuldades e contradições, que percorremos detalhadamente. Resta examinar em que sentido se diz que a alma é composta dos elementos. | ALMA COMPOSTA DOS ELEMENTOS | Afirmam-no para explicar que a alma percepcione e conheça cada um dos entes. Mas esse raciocínio acarreta, necessariamente, muitas impossibilidades. Estabelecem, pois, que a alma conhece o semelhante pelo semelhante, como se <dessa forma> instituíssem que a alma se identifica com os seus objetos. Mas não é possível que a alma conheça apenas aqueles[113]; há muitas outras coisas, ou melhor, há sem dúvida uma infinidade de coisas compostas dos elementos. Admitamos que a alma conhece e percepciona os elementos dos quais cada coisa é composta; mas com que conhecerá ou percepcionará o conjunto[114] – por exemplo, o que é deus, o homem, a carne ou o osso ou, similarmente, qualquer outro composto?[115] | EMPÉDOCLES | E, na verdade, cada um deles consiste em elementos, não combinados de uma qualquer maneira mas em certa proporção[116] e composição, como Empédocles disse a respeito do osso:

> a terra agradecida em seus vasos de largo peito
> duas de oito partes recebeu de resplandecente Néstis[117],
> quatro de Hefesto[118], e geraram-se assim os brancos ossos.
>
> Empédocles, DK B 96, vv. 1-3.

Não trará nenhum benefício, com efeito, os elementos estarem na alma, a não ser que estejam igualmente as proporções[119] e a composição. Cada elemento conhecerá, assim,

---

[112] 'Ασωματώτατον, ver ἀσώματος ("incorpóreo").

[113] O pronome refere-se aos elementos.

[114] Σύνολον.

[115] Σύνθετα (de σύνθετος).

[116] Λόγος τις.

[117] A divindade Néstis personifica a água.

[118] A divindade Hefesto personifica o fogo.

[119] Λόγοι, pl. de λόγος.

o seu semelhante, mas nada conhecerá o osso ou o homem, a menos que também eles estejam na alma[120]. Que isso é impossível, nem é preciso dizê-lo; pois quem se questionaria se uma pedra e um homem existem na alma? E o mesmo se aplica ao que é bom e ao que não é bom e, similarmente, aos outros casos.

Além disso, uma vez que "ente" se diz em vários sentidos – pois significa umas vezes este algo, outras a quantidade ou a qualidade, ou ainda qualquer outra categoria das que já distinguimos –, a alma será ou não composta de todas as categorias? Não parece, todavia, que os elementos sejam comuns a todas elas. Será a alma composta, então, apenas dos elementos de que as substâncias se compõem? Como conhecerá, assim, cada uma das outras categorias?[121] Ou dirão que existem elementos e princípios próprios de cada gênero, dos quais a alma é composta? Então a alma será quantidade, qualidade e substância. É impossível, no entanto, que a partir dos elementos da quantidade se forme uma substância e não uma quantidade. Os defensores de que a alma é composta de todos os elementos confrontam-se com estes e outros problemas do mesmo tipo. É absurdo, ainda, afirmar que o semelhante não é afetado pelo semelhante, embora o semelhante percepcione o semelhante e conheça o semelhante pelo semelhante, quando estabelecem que percepcionar é sofrer alguma afecção e ser movido, como são também o entender e o conhecer[122].

Muitos embaraços e dificuldades acarreta dizer, como Empédocles, que cada tipo de coisa[123] é conhecido pelos seus elementos corpóreos e por referência ao seu semelhante (testemunha-o o que acabamos de dizer). As partes dos corpos dos animais que são simplesmente terra (por exemplo, ossos, tendões, pelos) nada parecem percepcionar – nem

120 Ἔνειμι, estar ou existir em.

121 Sigo Tricot, p. 55.

122 Γινώσκειν.

123 Ἕκαστα (forma de ἕκαστος).

sequer coisas a si semelhantes –, embora <naquela perspectiva> devessem. Além disso, em cada um dos princípios haverá mais ignorância[124] do que compreensão[125], pois cada um conhecerá apenas uma coisa e desconhecerá muitas (na verdade, todas as outras). | Empédocles | O resultado, para Empédocles, é que o seu deus é o mais ignorante[126] dos seres: será ele, assim, o único a desconhecer um dos elementos, o ódio, enquanto os mortais, compostos de todos os elementos, os conhecerão a todos. E, de uma forma geral, por que nem todos os entes possuem alma, quando tudo <o que existe> é um elemento ou é composto de um ou vários elementos, ou de todos? Por isso <cada coisa> tem necessariamente de conhecer um, vários ou todos. Poder-se-ia perguntar, também, o que os unifica: os elementos assemelham-se à matéria, portanto o mais importante é aquilo que os unifica, seja isso o que for. Mas é impossível que exista algo mais poderoso do que a alma e que a domine, e ainda mais impossível no caso do entendimento. Este é, com boa razão, primordial[127] e dominante por natureza, embora <alguns pensadores> declarem que os elementos são, dentre os entes, os primordiais.

Nenhum destes – uns, dizendo que, por conhecer e percepcionar os entes, a alma é composta dos elementos; outros, que ela é o que possui maior capacidade de imprimir movimento[128] – se pronuncia sobre todo o tipo de alma. É que nem todos os entes dotados de sensibilidade são capazes de imprimir movimento (parece haver, pois, dentre os animais, alguns que não se deslocam, embora pareça ser este o único movimento que a alma imprime ao animal). E a mesma <dificuldade sobrevirá> a quantos constroem o en-

[124] Ἄγνοια.

[125] Σύνεσις.

[126] Ἄφρων (ver φρόνησις). Sigo Tomás Calvo (p. 161) e Tricot (p. 57).

[127] Προγενέστατον, forma de superlativo de προγενής (lit., "mais primordial").

[128] Κινητικώτατον, forma de superlativo de κινητικός.

tendimento e a faculdade perceptiva a partir dos elementos, pois as plantas vivem, manifestamente, sem participar [da deslocação nem] da sensibilidade, e muitos animais não possuem pensamento discursivo[129]. Se se concedesse nesses aspectos e se admitisse que o entendimento é uma parte da alma – como também a faculdade perceptiva –, ainda assim não estaríamos nos pronunciando universalmente sobre todo o tipo de alma nem sobre nenhuma alma no seu todo. Sofre a mesma objeção o raciocínio[130] exposto nos chamados *Poemas Órficos*[131]: a alma, dizem, levada pelos ventos, introduz-se, a partir do universo, quando os seres respiram. Ora, isso não pode acontecer às plantas, nem a alguns animais, porque nem todos eles respiram. Tal aspecto, com efeito, escapou aos defensores dessa ideia. E, se temos de fazer a alma a partir dos elementos, não é preciso que seja a partir de todos. É que cada parte do par de contrários é suficiente para julgar a si mesma e ao seu contrário: pela reta, conhecemo-la a si mesma e à curva, pois a régua é juiz para ambas, e a curva não é juiz nem para si mesma nem para a reta.

| Tales | Outros <pensadores> dizem que a alma está misturada com a totalidade do universo – daí, provavelmente, Tales ter julgado que tudo está cheio de deuses. Essa perspectiva, no entanto, suscita algumas dificuldades: por que a alma, existindo no ar ou no fogo, não produz um animal aí, mas sim em corpos mistos?[132] E isso embora se pense que ela é melhor no ar e no fogo. Poder-se-ia perguntar, ainda, por que a alma que está no ar é melhor e mais imortal do que a

---

[129] Διάνοια. Tradicionalmente, “pensamento”, como νόησις (ver Mesquita, p. 526, n. 133). Reserva-se “pensamento” para νόησις; com a versão de διάνοια por “pensamento discursivo” pretende-se salientar que διάνοια diz respeito a um processo, um percurso (como o prefixo grego “dia-” indica), por oposição a νοῦς, que remete para uma apreensão não mediata.

[130] Λόγος.

[131] Orfeu, DK B11.

[132] Segundo Tricot (p. 60, n. 5), trata-se dos compostos dos elementos que formam os corpos dos animais.

alma que está nos animais. O resultado é absurdo e paradoxal em ambos os casos: dizer que o fogo ou o ar são animais é um dos maiores paradoxos; e não lhes chamar animais, apesar de neles existir uma alma, é absurdo. Aqueles, por seu turno, parecem ter suposto que existe alma nos elementos porque um todo é da mesma espécie que as suas partes. Têm necessariamente de dizer, por consequência, que a alma <universal> também é da mesma espécie que as suas partes, se é pela absorção, nos animais, de algo do meio envolvente que eles se tornam animados[133]. Mas, se o ar extraído[134] é da mesma espécie, possuindo embora a alma partes diferentes, é evidente que uma parte dela estará presente no ar, outra não. É necessário que a alma possua, portanto, partes iguais, ou então que não exista em nenhuma das partes do todo.

| Partes da alma | A partir do que já dissemos, fica claro que não é por a alma ser composta dos elementos que o conhecer[135] lhe pertence, nem é com correção e com verdade que se diz que ela se move. Visto que conhecer pertence à alma, como também percepcionar, formar opiniões e ainda ter apetites, ter vontades e os desejos em geral; e que o movimento de deslocação também se dá nos animais por ação da alma, e não menos o crescimento, a maturidade e o envelhecimento, pertencerá, então, cada uma dessas coisas a toda a alma? Quer dizer, entendemos, percepcionamos, movemo-nos, fazemos cada uma das outras operações e somos afetados pela ação da alma no seu todo, ou diferentes partes são responsáveis por diferentes ações? E o viver sucede numa dessas partes, ou em muitas, ou em todas, ou a sua causa será outra? Dizem alguns ser a alma divisível, entendendo com uma parte e tendo apetites com outra. | Unidade da alma | Então o que unifica a alma, se é divisível por natureza? Não é, certamente, o corpo: antes parece, pelo contrário, que a alma unifica o corpo; pelo menos, o corpo

133 Ἔμψυχα (ver ἔμψυχον). Isto é, adquirem alma.

134 Sigo Tomás Calvo, p. 164.

135 Γινώσκειν.

dissipa-se e destrói-se com a partida da alma. Se, com efeito, outra coisa torna a alma una, precisamente isso haveria de ser a alma. E então teríamos novamente de questionar se isso é uno ou possui diversas partes. Ora, se é uno, por que é que a alma não é à partida una? E, se é divisível, o raciocínio buscará outra vez o que é que a torna una, e a sequência continuará dessa maneira infinitamente. Poder-se-ia perguntar também, acerca das partes da alma, que poder exerce cada uma sobre o corpo, pois, se toda a alma unifica todo o corpo, faz sentido que cada uma das partes <da alma> unifique uma parte do corpo. Isso parece, no entanto, impossível: é difícil até conjecturar de que natureza seria a parte que o entendimento unificaria, ou como. | Espécie das partes da alma | As plantas e, dentre os animais, alguns insetos vivem manifestamente mesmo depois de seccionados, como se cada secção possuísse a mesma alma[136] em espécie, ainda que não em número. É que cada uma das partes possui, durante certo tempo, sensibilidade e desloca-se. E que tal não persista não é nada de absurdo, pois não possuem os órgãos necessários para preservarem a sua natureza. Ainda assim, não menos em cada uma das partes estão presentes todas as partes da alma, e cada uma delas é da mesma espécie que as outras e que a alma no seu todo, como se as diferentes partes da alma não fossem separáveis umas das outras, sendo embora a alma no seu todo divisível. O princípio existente nas plantas, além disso, parece ser algum tipo de alma. Este é, com efeito, o único princípio comum a animais e plantas. Mais, esse princípio existe separado do princípio perceptivo, embora nenhum ente possua sensibilidade sem o possuir[137].

[136] Εἶδος. Isto é, cada secção possui uma alma do mesmo tipo.

[137] Ver o desenvolvimento desta perspectiva à frente, em II.3, 414a29 ss.

Livro II

1. Definição de alma (i): Alma substância e primeiro ato do corpo

Terminamos já a discussão das perspectivas que os nossos antecessores nos legaram sobre a alma. Retomemos a 412a questão, novamente, como de início, esforçando-nos por determinar o que é a alma e qual poderá ser a sua definição[1] mais abrangente.

Dizemos que a substância é um dos gêneros do ente. Ela é, numa primeira acepção, matéria, o que não é, por si mesmo, este algo; em outra acepção, é a forma[2] segundo a qual já é dito este algo e o aspecto[3]; e, numa terceira acepção, é o composto da matéria e da forma. Ora, a matéria é potência, enquanto a forma[4] é ato. E isso de duas maneiras: numa, como o é o saber; na outra, como o é o exercício do saber[5].

Substâncias parecem ser, em especial, os corpos e, dentre eles, os corpos naturais. Estes, na verdade, são os princí-

---

[1] Λόγος.

[2] Μορφή.

[3] Εἶδος.

[4] Εἶδος.

[5] 'Επιστήμη (saber) e θεωρεῖν (exercício do saber). Quer dizer, a diferença existente entre os dois sentidos em que podemos considerar o "ato" corresponde à diferença existente entre a posse de um saber e o seu exercício.

pios[6] dos outros corpos. Dentre os corpos naturais, uns possuem vida, outros não. Chamamos "vida" à autoalimentação, ao crescimento e ao envelhecimento. Todo o corpo natural que participa da vida será, consequentemente, uma substância, e isso no sentido de substância composta[7]. E como se trata de um corpo de certa qualidade – é, pois, um corpo que possui vida –, a alma não será o corpo, porque o corpo não está entre as coisas que são ditas de um sujeito. O corpo antes é sujeito e matéria. A alma, portanto, tem de ser necessariamente uma substância, no sentido de forma[8] de um corpo natural que possui vida em potência. Ora, a substância é um ato; a alma será, assim, o ato de um corpo daquele tipo[9]. Mas "ato" diz-se em dois sentidos: num, como o é o saber; no outro, como o é o exercício do saber[10]. É evidente que a alma é ato no sentido em que o é o saber: é no ente em que a alma existe que existem quer o sono, quer a vigília, e esta é análoga ao exercício do saber, enquanto o sono é análogo à posse deste sem exercício[11]. Ora, o primeiro a gerar-se nesse ente é o saber. Por isso, a alma é o primeiro
412b ato de um corpo natural que possui vida em potência. Mais, um corpo desse tipo será um organismo[12]. São órgãos, de fato, até as partes das plantas, mas extremamente simples. Por exemplo, a folha é a proteção do pericarpo, o pericarpo a do fruto; as raízes são semelhantes à boca, pois tanto aquelas como esta puxam o alimento. Se cumpre dizer, com efeito, algo comum a todo o tipo de alma[13], esta será o primeiro ato de um corpo natural que possui órgãos. Não é

[6] Ἀρχαί, ver ἀρχή. Quer dizer, é de corpos naturais que todos os outros se compõem.

[7] Συνθέτη.

[8] Εἶδος.

[9] Isto é, a alma será o ato de um corpo que possui vida em potência.

[10] Ἐπιστήμη (saber) e θεωρεῖν (exercício do saber). Ver *supra*.

[11] Ἐνεργεῖν. Isto é, sem a ativação do saber.

[12] Ὀργανικόν (Tomás Calvo, p. 168).

[13] Ou seja, se quisermos ensaiar uma definição de "alma".

preciso, por isso, questionar se o corpo e a alma são uma única coisa, como não nos perguntamos se o são a cera e o molde[14], nem, de uma maneira geral, a matéria de cada coisa e aquilo de que ela é a matéria. É que, dizendo-se "um" e "ser" em vários sentidos, "ato" é o sentido principal[15].

Dissemos, de uma forma geral, o que é a alma: é uma substância de acordo com uma definição[16], e isso é o que é ser para um corpo daquele tipo[17]. Se um instrumento, como um machado, fosse um corpo natural, o que é, para um machado, ser, seria a sua essência[18], e isso seria também a sua alma. Separada a alma, o instrumento não seria mais um machado, a não ser por homonímia. Mas, como as coisas são, é um machado. A alma, com efeito, não é o ser e a definição[19] de um corpo daquele tipo[20], mas sim <o ser e a definição> de um corpo natural de uma qualidade tal que possua em si mesmo o princípio do movimento e do repouso.

É preciso ter em vista também em relação às partes[21] o que dissemos. Se o olho fosse um animal, a visão seria a sua alma. Esta é, pois, a essência do olho, de acordo com a sua definição. Ora, o olho é a matéria da visão, à parte da qual não existe olho, exceto por homonímia (como, por exemplo, um olho esculpido em pedra ou um olho desenhado). Cumpre, na realidade, aplicar agora a todo o corpo vivo o que aplicamos às partes, pois a relação existente entre as partes é análoga à que existe entre a sensibilidade no seu todo e todo o corpo dotado de sensibilidade enquanto tal. O ente em potência que pode viver não é o que perdeu a alma, mas sim o que a possui. A semente e o fruto são, em potên-

[14] Σχῆμα.

[15] Κυρίως, o sentido fundamental, o mais legítimo.

[16] Λόγος.

[17] Quer dizer, é a sua essência.

[18] Οὐσία.

[19] Λόγος.

[20] Isto é, do tipo do machado.

[21] A. refere-se às partes do corpo.

cia, corpos dessa qualidade. A vigília, com efeito, é ato como
413a o são o ato de cortar e o ato de ver[22]; a alma, ao invés, é ato como o são a visão e a capacidade do órgão. O corpo, por sua vez, é aquilo que existe em potência. Mas, como o olho é a pupila e a visão, assim também o animal é a alma e o corpo. Que a alma não é separável do corpo, ou pelo menos certas partes dela não são – se é que a alma por natureza é divisível em partes –, isso não levanta dúvidas, pois o ato de algumas <partes da alma> é o ato das partes mesmas <do corpo>. Nada impede, no entanto, que algumas partes[23] sejam separáveis, por não serem ato de nenhum corpo[24]. Além disso, não fica claro se a alma é o ato do corpo assim[25], ou como o marinheiro é o do navio.

Em traços gerais, ficam assim um esboço e uma definição de alma.

2. Definição de alma. (ii): Aquilo pelo que vivemos

Uma vez que é dos fatos menos claros, mas mais manifestos, que surge o que é claro e, segundo a razão[26], mais cognoscível, procuremos de novo abordar a alma dessa maneira[27]. O enunciado definitório[28], com efeito, não deve tornar claro apenas o fato[29], como a maioria das definições diz, mas também conter e tornar visível a causa. É que os enun-

[22] Ὅρασις. Diferente de ὄψις, que designa a faculdade da visão (Ross, *comm. ad loc.*).

[23] Estão em causa as partes da alma.

[24] Referência ao νοῦς, que é separável do corpo (Tricot, p. 72, n. 1; Ross, *comm. ad loc.*).

[25] Isto é, como acabamos de descrever. Sigo a interpretação de Ross (p. 215).

[26] Κατὰ τὸν λόγον.

[27] Isto é, devemos aplicar este método de investigação ao estudo da alma.

[28] Τὸν ὁριστικὸν λόγον (Tomás Calvo, p. 171).

[29] Τὸ ὅτι.

ciados das definições são, ordinariamente, como conclusões. Por exemplo: "O que é a quadratura? É a construção de um retângulo equilátero equivalente a um cujos lados não sejam iguais." Mas uma definição desse tipo é o enunciado da conclusão. A definição que, pelo contrário, diga "a quadratura é a descoberta de um meio" é que diz a causa da coisa.

Afirmamos pois, abraçando a investigação do princípio, que o animado se distingue do inanimado por viver. "Viver", porém, diz-se em vários sentidos, e para dizermos que um ente "vive" basta que um deles se concretize – por exemplo, o entendimento, a sensibilidade, o movimento de deslocação e o repouso[30], e ainda o movimento relativo à nutrição, o envelhecimento e o crescimento. Por isso, todos os seres que se alimentam[31] parecem viver. Neles existem, manifestamente, uma faculdade e um princípio de determinada natureza, pelo qual obtêm o crescimento e o declínio em direções contrárias. Não crescem, de fato, para cima ou para baixo, mas de modo igual nessas duas direções e em todos os sentidos. Todos esses seres se alimentam continuamente e vivem enquanto conseguem recolher o alimento. Essa faculdade pode ser separada das outras, mas as outras, nos seres perecíveis, não podem ser separadas desta. Isto é claro no caso das plantas, às quais não pertence nenhuma outra faculdade da alma além desta. Se aos seres vivos, então, pertence o viver mediante aquele princípio, já o animal o possui primeiramente pela sensibilidade. Por isso, até aos seres que não se movem nem mudam de lugar, mas possuem sensibilidade, chamamos "animais" e não apenas "seres vivos". Das sensações, o tato é a que pertence a todos os animais primariamente. Tal como a faculdade nutritiva[32]

---

[30] Στάσις.

[31] Τὰ φυόμενα (Ross, p. 215). Tricot (p. 74, n. 2) e Tomás Calvo (p. 171) entendem que estão em causa não os seres que se alimentam, mas as plantas.

[32] Θρεπτικόν (τό), a parte da alma dotada da capacidade ou do poder de alimentar.

pode ser separada do tato e de toda a sensibilidade, também o tato pode ser separado dos outros sentidos. Chamamos, pois, "faculdade nutritiva" àquela parte da alma de que as plantas também participam. Todos os animais, por sua vez, possuem manifestamente o sentido do tato. O que motiva cada um desses fatos, isso diremos posteriormente[33].

A esse respeito basta, por ora, ficar dito que a alma é o princípio das referidas <faculdades> e se define por elas, a saber: pelas faculdades nutritiva, perceptiva e discursiva e pelo movimento. Se cada uma destas é uma alma ou uma parte da alma e, sendo uma parte, se é de uma natureza tal que seja separável apenas em definição[34] ou também em lugar, dessas questões, umas não são difíceis de perceber, mas algumas trazem dificuldades. Trata-se, de fato, de um caso semelhante ao das plantas: algumas continuam manifestamente a viver, depois de terem sido seccionadas e de <as suas partes> terem sido separadas umas das outras. Assim, a alma existente nelas é, consequentemente, uma em ato em cada planta, mas várias em potência. Vemos que assim acontece, no caso dos insetos seccionados, em relação a outras diferenças[35] da alma: cada uma das partes possui sensibilidade e desloca-se; e, se possui sensibilidade, também possui imaginação e desejo. É que onde existe sensibilidade existem também, de fato, a dor e o prazer, e onde existem estes, existe necessariamente também apetite. Já no que respeita ao entendimento e à faculdade do conhecimento teorético[36], nada é, de modo algum, evidente. Este parece ser um gênero diferente de alma, e apenas este pode ser separado, como eterno que é, do perecível. Fica claro a partir des-

---

[33] Para a existência da faculdade nutritiva sem a perceptiva, ver III.12, 434a22-30a; para a existência do tato sem os outros sentidos, ver III.12, 434b9-25.

[34] Λόγος.

[35] Διαφοραί. Aqui, designa as qualidades distintivas.

[36] Θεωρητικόν (τό), a parte da alma dotada da capacidade ou do poder de ter em vista ou considerar (θεωρεῖν).

ses fatos que as restantes partes da alma não são separáveis[37], como alguns dizem. É óbvio que são diferentes em definição[38]: o ser para as faculdades perceptiva e opinativa[39] é diferente, se de fato também são diferentes percepcionar e formar opiniões. E o mesmo se diga de cada uma das outras faculdades referidas. Além disso, a alguns animais pertencem todas aquelas faculdades, a certos animais pertencem unicamente algumas, e a outros apenas uma. E isto é, de fato, o que fará a diferença entre os animais; por que motivo, examinaremos posteriormente[40]. Acontece aproximadamente o mesmo no caso dos sentidos: a uns animais pertencem todos, a outros alguns sentidos, e a outros apenas um, o indispensável: o tato.

Ora, como "aquilo pelo qual vivemos e percepcionamos" se diz em duas acepções, e do mesmo modo "aquilo pelo qual sabemos" (assim referimos quer o saber, quer a alma, pois é mediante cada um deles, por sua vez, que dizemos saber), "aquilo pelo qual nos mantemos sãos" é, igualmente, quer a saúde, quer certa parte do corpo ou todo o corpo. Destes, o saber e a saúde são a forma[41] e certo aspecto[42], a definição[43] e como que o ato daquele que é capaz de receber, num caso, o saber e, noutro, a saúde. É que a atividade dos agentes parece dar-se naquele que é afetado[44] e sofreu certa disposição[45]. A alma é, em primeiríssimo lugar, aquilo pelo qual vivemos, percepcionamos e discorremos;

[37] Χωρισταί, ver χωριστός.

[38] Λόγος.

[39] Δοξαστικόν (τό), a parte da alma dotada da capacidade ou do poder de formar opiniões (δοξάζειν).

[40] Ver III.12 e III.13 (Ross, *comm. ad loc.*).

[41] Μορφή.

[42] Εἶδος.

[43] Λόγος.

[44] Isto é, no "paciente" (de πάσχειν).

[45] Sigo Tricot, p. 79.

ela será, consequentemente, certa definição[46] e forma[47], mas não matéria e sujeito.

"Substância" diz-se em três sentidos, como referimos[48], dos quais um é forma[49], outro matéria, e o terceiro o composto de forma e matéria. Destes, a matéria é potência, a forma é ato e, uma vez que o composto de ambos é o ser animado[50], o corpo não é o ato da alma; ela é que é, antes, o ato de certo corpo. Por isso, compreenderam corretamente os que julgaram que a alma nem existe sem corpo, nem é ela mesma um corpo. Não é, de fato, um corpo: é algo do corpo. E por isso existe no corpo, e em certo tipo de corpo, ao invés do que <sustentaram> os nossos antecessores. Estes ajustaram a alma ao corpo, sem nada especificar em relação à natureza e à qualidade daquele, quando, manifestamente, não pode uma coisa qualquer receber, ao acaso, outra qualquer. Assim acontece também por definição[51]: o ato de cada coisa, com efeito, gera-se por natureza no ente que existe em potência e na matéria adequada[52]. Fica claro, a partir disso, que a alma é certo ato e forma[53] do ente que possui a capacidade de ser daquele tipo[54].

3. Definição da alma pelas suas faculdades: As faculdades da alma

Das faculdades da alma que referimos, a uns seres, como dissemos, pertencem todas, umas delas a outros, e a alguns

---

[46] Λόγος.

[47] Εἶδος.

[48] Ver II.1, 412a6-11.

[49] Εἶδος.

[50] Ἔμψυχον (τό).

[51] Κατὰ τὸν λόγον.

[52] Οἰκεῖα, ver οἰκεῖος. Ou própria, apropriada.

[53] Λόγος (Tomás Calvo, p. 175).

[54] Τοιούτου. Segundo Ross, a capacidade de ser animado (*comm. ad loc.*).

seres pertence apenas uma só faculdade[55]. Chamamos, então, “faculdades” às <partes> nutritiva, perceptiva, desiderativa, de deslocação e discursiva[56]. Ora, às plantas pertence apenas a faculdade nutritiva, ao passo que aos outros seres 414b pertencem esta faculdade e também a perceptiva. E, se esses dispõem da faculdade perceptiva, possuem igualmente a desiderativa, pois o desejo é, de fato, apetite, impulso e vontade. Todos os animais, então, possuem um dos sentidos, o tato, e ao ser a que a sensibilidade pertence pertencem igualmente o prazer e a dor (isto é, o aprazível e o doloroso). Mais, àqueles a que estes pertencem pertence também o apetite, isto é, o próprio desejo do aprazível. Além disso, os animais possuem a percepção do alimento, visto o tato ser o sentido relativo ao alimento. Todos os seres vivos se alimentam do que é seco e úmido[57], quente e frio, sendo o sentido que os percepciona o tato. Dos outros sensíveis, o tato é o sentido <apenas> por acidente. Ora, o som, a cor e o cheiro em nada contribuem para a nutrição. Já o sabor, por sua vez, é um dos tangíveis. A fome e a sede são apetite: a fome, apetite do que é seco e do que é quente; a sede, do que é úmido e do que é frio. O sabor, então, é como um certo comprazimento com aquelas qualidades. Mas esclareceremos esses aspectos posteriormente[58]; por agora, basta que fique dito que aos animais possuidores de tato pertence igualmente o desejo. No que respeita à <posse da> imaginação[59], a situação não é clara; devemos, assim, estudá-la posteriormente[60]. A alguns animais pertence, além da-

---

[55] Ver II.2, 413b32-414a3.

[56] Θρεπτικόν (τό), αἰσθητικόν (τό), ὀρεκτικόν (τό), κίνησις κατὰ τὸν τόπον, διανοητικόν (τό).

[57] Ξηρός/ὑγρός.

[58] Ver II.10.

[59] Isto é, no que respeita à questão de disporem ou não de imaginação.

[60] Ver III.3, 427b14-429a9. Segundo Ross (*comm. ad loc.*), “what he is referring to is the question where, in the scale of living things, φαντασία begins to appear – the question to which he returns in III.11, 433b31-434a21”.

quelas faculdades, também a de deslocação; a outros, pertencem igualmente a faculdade discursiva e o entendimento. É o caso dos homens e, se existir, de outro ser de natureza semelhante ou superior.

É evidente que, havendo uma definição[61] única de “alma”, será da mesma maneira que existe uma de “figura”[62]: num caso, não existe figura além do triângulo e das que se sucedem, no outro não existe alma além das que referimos. Poderá, pois, haver uma definição comum das figuras, que se adequará a todas, mas ela não será própria de nenhuma delas; e o mesmo se aplica às referidas almas. Por isso é absurdo, nesses casos[63] e em outros, procurar uma definição comum[64], que não será a definição própria de nenhum ente, e não nos atermos à espécie própria e indivisível, deixando de parte uma definição desse tipo[65]. O caso das figuras, de fato, assemelha-se ao da alma: o anterior está sempre presente, em potência, no que se sucede, tanto no caso das figuras como no dos seres animados. Por exemplo: no quadrilátero está o triângulo, na faculdade perceptiva está a nutritiva. Devemos investigar, consequentemente, em relação a cada <ser vivo>, qual é o tipo de alma de cada um, por exemplo: qual[66] é a alma da planta, qual a do homem ou a do animal selvagem. Mais, temos de examinar por que <as fa-
415a culdades> se relacionam em tal sucessão. Ora, sem a faculdade nutritiva não existe, com efeito, a perceptiva; nas plantas, pelo contrário, a faculdade nutritiva é separável da percep-

[61] λόγος.

[62] Sigo a interpretação de Tricot (pp. 82-3).

[63] Quer dizer, nos casos da alma e das figuras.

[64] Κοινὸν λόγον.

[65] Ou seja, “ignoring the definition which does correspond to the infima species” (Ross, *comm. ad loc.*). O que A. vinca é a necessidade de estudar as faculdades da alma, não se contentando com uma definição geral.

[66] É difícil dar conta, em português, do sentido do pronome τις. Entenda-se que “qual” pergunta pela qualidade, pela natureza da alma. Uma alternativa de tradução seria: “que tipo de alma é a de...”.

tiva. Novamente, sem tato nenhuma das outras sensações se dá; já o tato, por seu turno, existe sem as outras: muitos animais, na verdade, não possuem visão, nem audição, nem o sentido do cheiro. E, dentre os seres que possuem sensibilidade, uns possuem a faculdade de se moverem de lugar, outros não[67]. Por fim, um pequeno número de animais possui raciocínio[68] e pensamento discursivo. Dentre os seres perecíveis, os que possuem raciocínio possuem também as demais faculdades, mas nem todos os que possuem cada uma daquelas dispõem de raciocínio: uns não possuem imaginação[69], enquanto outros vivem exclusivamente por causa dela. O entendimento teorético[70], por seu turno, é outro assunto[71].

Fica portanto claro que a explicação de cada uma daquelas faculdades é, simultaneamente, a explicação mais adequada acerca da alma.

4. As faculdades da alma: a faculdade nutritiva

Quem pretende levar a cabo uma investigação acerca dessas faculdades tem de perceber necessariamente o que cada uma delas é[72]. Depois, tem de investigar as suas propriedades e as outras[73]. Mas, se é necessário dizer o que é cada uma daquelas faculdades[74] – por exemplo, o que são a faculdade que entende, a faculdade perceptiva e a nutritiva,

[67] Ver I.5, 410b19-20, 413b2-4.

[68] Λογισμός.

[69] Φαντασία. Ver III.3, 428a8-11.

[70] Νοῦς θεωρητικός. Ver III.4-7.

[71] Ver III.4-8.

[72] Isto é, a investigação começa pela procura da definição.

[73] "As propriedades que derivam mais diretamente das definições (τί ἐστι) das várias faculdades e as que são mais remotas" (Ross, *comm. ad loc.*). Tricot entende que as "outras" são as propriedades que decorrem da própria essência do sujeito (p. 85, n. 1).

[74] Isto é, se temos de as definir.

respectivamente –, devemos expor primeiro o que é entender e o que é percepcionar. É que as atividades e as ações[75] são logicamente[76] anteriores às faculdades. E, se assim é, se se deve ter feito antes um estudo dos objetos correspondentes[77], pelo mesmo motivo deve-se definir ainda, primeiro, estes – como, por exemplo, o alimento, o sensível e o entendível.

Assim sendo, temos de nos referir, em primeiro lugar, à nutrição e à reprodução, pois a alma nutritiva pertence também aos outros seres vivos[78] e é a primeira e mais comum faculdade da alma[79]. Ela é, com efeito, aquela pela qual o viver pertence a todos os seres vivos. São funções suas a reprodução e a assimilação dos alimentos. É que essa é a função mais natural, para os seres vivos perfeitos[80] – os não mutilados[81], nem de geração espontânea –, produzir outro da mesma qualidade que a sua: o animal, um animal; a plan-
415b ta, uma planta. Isto para que possam participar do eterno e do divino do modo que for possível; todas as coisas aspiram a isso, e tudo quanto fazem de acordo com a natureza fazem tendo em vista isso. Mas "o fim por causa do qual"[82] possui duas acepções: o fim para o qual[83] e o fim com o qual[84]. E porque não podem participar do eterno e do divino de modo ininterrupto – porque nenhum ente perecível pode permanecer o mesmo e um em número –, cada um toma parte na medida do possível, uns mais, outros menos[85]. Mais,

[75] Πράξεις, ver πρᾶξις.

[76] Κατὰ τὸν λόγον, "em ordem lógica" (Ross, *comm. ad loc.*).

[77] 'Αντικείμενα (τά).

[78] Isto é, aos seres vivos que não o homem.

[79] Quer dizer, é a faculdade mais universalmente presente (Ross, p. 224).

[80] Τέλεια, ver τέλεις. Estes são os animais completamente desenvolvidos.

[81] Πηρώματα (τά).

[82] Οὗ ἕνεκα.

[83] Τὸ οὗ. A expressão refere-se ao objetivo de algo.

[84] Τὸ ᾧ. A expressão refere-se ao beneficiário, o ser para o qual algo é um fim.

[85] Isto é, em graus diferentes.

o ser que permanece não é o mesmo, mas semelhante a ele, e eles são um, não em número, mas em espécie[86].

A alma é a causa e o princípio[87] do corpo que vive. Essas designações[88] são ditas em vários sentidos, mas a alma é causa, da mesma maneira, nas três acepções acima distinguidas. Assim, ela é causa enquanto aquilo de que o movimento <provém>, aquilo em vista do qual[89] e também na qualidade de substância[90] dos corpos animados. Que o é, de fato, enquanto substância, pois a substância é a causa do ser para todas as coisas, é evidente. Ora, ser, para todos os seres vivos, é viver, sendo a alma a sua causa e princípio. Além disso, a forma[91] do ente em potência é o ato. É evidente que a alma é causa também enquanto aquilo em vista do que[92]: tal como o entendimento age em vista de alguma coisa, a natureza age da mesma maneira, e essa coisa é o seu fim. A alma é, nos animais, um fim desse tipo, por natureza. É que todos os corpos naturais são instrumentos[93] da alma – tanto os dos animais como os das plantas –, de forma que existem tendo como fim a alma. Mas "em vista do qual"[94] diz-se em dois sentidos: aquilo em vista do qual[95] e aquilo para o qual[96]. Mais, a alma é também de onde primeiramente <provém> o movimento de deslocação[97], embora essa faculdade não pertença a todos os seres vivos. A alteração e o crescimento

---

[86] Εἶδος. O ser é o mesmo em espécie.

[87] Αἰτία e ἀρχή, aqui quase sinônimos (Tricot, p. 87, n. 5).

[88] Quer dizer, "causa" e "princípio".

[89] Οὗ ἕνεκα. Trata-se da causa final.

[90] Οὐσία. Substância formal (Tricot, p. 87).

[91] Λόγος.

[92] Οὗ ἕνεκεν.

[93] Ὄργανα. Tomás Calvo propõe "órgãos" (p. 180).

[94] Τὸ οὗ.

[95] Τὸ οὗ ἕνεκα.

[96] Τὸ ᾧ.

[97] Κίνησις κατὰ τόπον.

devem-se também à alma; a percepção sensorial, com efeito, parece ser certa alteração, e nada que não participe da alma percepciona. E o mesmo acontece em relação ao crescimento e ao envelhecimento: nada envelhece ou cresce naturalmente sem que se alimente; e, por seu turno, nada que não participe da vida se alimenta.

Empédocles não se pronunciou corretamente ao sustentar que as plantas crescem no sentido descendente, ao se enraizarem, por causa de a terra se mover naturalmente assim, e que crescem no sentido ascendente por causa de o fogo também o fazer. É que ele não percebeu bem os movimentos ascendente e descendente, pois o "cima" e o "baixo" não são o mesmo para todos os seres e para o universo no seu todo. A cabeça dos animais, pelo contrário, é como as raízes das plantas, se é pelas suas funções que se deve dizer que os órgãos são diferentes ou idênticos[98]. Além disso, o que é que une o fogo e a terra, que se movem em sentidos contrários? Pois eles se separariam, se não existisse algo que o impedisse. E, se isso existe, é exatamente isso que é a alma e a causa de o ente crescer e alimentar-se.

Alguns julgam que é simplesmente a natureza do fogo a causa da nutrição e do crescimento, pois parece ser o único dos corpos [ou elementos] que se alimenta e cresce. Por isso se poderia supor que nas plantas e nos animais é o fogo que opera. Sendo, de qualquer forma, causa concomitante, não é, no entanto, causa em sentido absoluto: essa é antes a alma. O crescimento do fogo dá-se até ao infinito, enquanto existe combustível, mas todas as coisas constituídas pela natureza têm um limite[99] e uma proporção[100] de tamanho e de crescimento. E <essas características> pertencem, de fato, à alma, não ao fogo, e à forma[101], mais do que à matéria.

---

[98] Sigo a interpretação de Tricot (p. 89).

[99] Πέρας.

[100] Λόγος.

[101] Λόγος.

Uma vez que a mesma faculdade da alma é nutritiva e reprodutiva, primeiro temos de fazer alguns esclarecimentos a respeito da nutrição, pois ela distingue-se das outras faculdades por essa função. Julga-se, pois, que o alimento do contrário é o contrário, mas nem todos os contrários <são alimento> para todos os contrários; são-no apenas os que não só se geram, como crescem uns a partir dos outros. Ora, muitas coisas se geram a partir umas das outras, mas nem todas são quantidades[102] (por exemplo, o saudável a partir do doente). Mais, aqueles contrários não parecem ser alimento uns para os outros da mesma maneira. Assim, a água é alimento para o fogo, mas o fogo não alimenta a água. O caso parece ser exatamente este no que toca aos corpos simples: <dos contrários> um é o alimento, o outro o alimentado. Mas coloca-se aqui uma dificuldade. Uns dizem que o semelhante é alimentado – e, também, que cresce – pela ação do semelhante. Outros, como dissemos, julgam, inversamente, que é o contrário que alimenta o contrário, por o semelhante não poder ser afetado pelo semelhante, quando o alimento sofre uma mudança: é digerido. Ora, a mudança é, em todos os casos, no sentido do contrário ou do intermédio. Para mais, o alimento é afetado pelo ente que se alimenta, enquanto este não é afetado pelo alimento. Acontece, de fato, como no caso do carpinteiro, que não é afetado pela matéria, mas esta por aquele. O carpinteiro muda unicamente da inatividade para a atividade. Faz diferença, igualmente, se o alimento é aquilo que se adiciona no fim ou aquilo que se adiciona no princípio. Se são ambos, um não digerido, o outro digerido, será possível falar de "alimento" em ambos os sentidos: enquanto não digerido, o contrário é alimentado pelo contrário; enquanto digerido, o semelhante é alimentado pelo semelhante. Assim, ambas as perspectivas estão, de algum modo, parcialmente corretas e parcialmente incorretas.

[102] Ποσα, ver ποσον.

Uma vez que nada se alimenta sem que participe da vida, aquilo que se alimenta será um corpo animado, enquanto animado. O alimento, consequentemente, diz respeito ao ente animado, e não por acidente. O ser para o alimento é, porém, diferente do ser para o que é capaz de fazer crescer[103]: assim, em virtude de o ente animado ser uma quantidade, <o alimento> é algo que faz crescer; já em virtude de o ente animado ser este algo e uma substância, <o alimento> é nutrimento. É que ele preserva a substância do ente animado, que existe enquanto se alimentar. Este[104] é o que produz a geração, não do ente que se alimenta, mas sim de um ente que é da mesma qualidade que este – isso porque a substância desse ente já existe, e nada se gera a si mesmo, apenas se preserva. Tal princípio da alma é, consequentemente, uma faculdade que preserva o ente que a possui enquanto tal[105], e o alimento dispõe <a faculdade> a passar ao exercício. Por isso, privado de alimento, o ente não é capaz de existir. Existem, pois, três coisas: o ser que se alimenta, aquilo com que se alimenta e aquilo pelo qual se alimenta. Assim, aquilo pelo qual se alimenta é a alma primária[106], o ser que se alimenta é o corpo que possui alma e aquilo com que se alimenta é o alimento.

E, visto ser justo designar tudo a partir do fim a que se destina, e o fim ser o de gerar um ente semelhante[107] a si mesmo, a alma primária será aquela que é capaz de gerar um ente da mesma qualidade <que o que a possui>. Mais, "aquilo com que se alimenta" possui dois sentidos, como "aquilo com que se dirige o navio" pode ser tanto a mão como o leme: aquela move e é movida; este apenas é movido. É necessário, pois, que todo o alimento possa ser digerido, e é o calor que opera a digestão. Por isso, todo ente animado possui calor.

[103] Αὐξητικόν (τό).

[104] Isto é, o alimento.

[105] Quer dizer, preserva a sua individualidade.

[106] A alma nutritiva, que é a mínima (Ross, *comm. ad loc.*).

[107] Isto é, da mesma qualidade.

Foi dito então, esquematicamente, o que é a nutrição. É necessário fazer alguns esclarecimentos a seu respeito, mais tarde, em tratados pertinentes[108].

5. As faculdades da alma: A sensibilidade

Definidos esses aspectos, refiramo-nos, em traços gerais, à sensibilidade no seu todo. A percepção sensorial dá-se, pois, quando se é movido e quando se é afetado, como ficou dito[109]; parece, de fato, ser certo tipo de alteração. Dizem também alguns que o semelhante é afetado pelo semelhante; 417a como isso é ou não possível, dissemo-lo no tratado *Sobre o Agir e o Ser Afetado*[110]. Suscita um problema por que não se gera também sensação dos próprios órgãos sensoriais, e por que não produzem sensação[111] sem objetos exteriores, embora contenham em si fogo, terra e os outros elementos[112] que são objeto da percepção sensorial, por si mesmos ou por aquilo que os acompanha[113]. Ora, a faculdade perceptiva existe, evidentemente, não em atividade, mas apenas em potência. Por isso, não percepcionamos <continuamente>, como o combustível não se consome por si mesmo, sem algo que o faça arder. Se, com efeito, o combustível se consumisse por si mesmo, não necessitaria do fogo existente em ato.

---

[108] Várias referências existem a um tratado *Peri trophes* ou *Peri auxeseos kai trophes* (vai ser escrito: *GA* V.4, 784b2, *PA* IV.4, 678a19; já existe: *Somn-Vig.* 3, 456b6, *Mete.* IV.3, 381b13?). Ver Ross, *comm. ad loc.* Pode tratar-se, igualmente, de uma alusão a um tratado, hoje perdido, sobre a alimentação.

[109] Ver I.5, 410a25-26.

[110] Trata-se do par conceptual ποιεῖν/πάσχειν, ou, em outras palavras, dos fenômenos de atividade e passividade. Quanto ao tratado a que se alude, pode ser uma obra que não sobreviveu. Ainda assim, e segundo Tomás Calvo (p. 185, n. 40), a passagem é tradicionalmente interpretada como alusão a *GC* I.7, 323a1 ss.

[111] Αἴσθησιν ποῖειν.

[112] Στοιχεῖα, ver στοιχεῖον.

[113] Τὰ συμβεβηκότα τούτοις. Isto é, pelos seus acidentes.

E, uma vez que dizemos "percepcionar" em duas acepções – pois dizemos que ouve e vê quer o ser que ouve e vê em potência (ainda que possa estar, eventualmente, dormindo), quer o ser que já o está fazendo –, "percepção" também se poderá dizer em duas acepções: percepção em potência e percepção em atividade. Do mesmo modo se comporta o sensível, existente quer em potência, quer em atividade. Esclareçamos primeiro que, de fato, "ser afetado", "mover-se" e "passar à atividade" são a mesma coisa: é que até o movimento é um certo tipo de atividade, embora incompleta, como dissemos em outra ocasião[114]. Ora, tudo é afetado e movido por um agente[115] que está em atividade. Por isso, o que é afetado, é-o, de certa maneira, pelo seu semelhante, e de outra maneira pelo seu dissemelhante, como dissemos[116]: o dissemelhante é afetado e, depois de ter sido afetado, é[117] semelhante.

É preciso esclarecer melhor, igualmente, a potencialidade e o ato, pois temos nos referido a eles, até agora, sem os matizar[118]. Assim, um ser é sábio, por um lado, no sentido em que poderemos chamar "sábio" a um homem por ser um dentre os sábios e possuir saber. Por outro, chamamos desde logo "sábio" a um homem que domina o saber gramatical. Cada um deles, porém, não é capaz[119] da mesma maneira: um é em virtude de serem desse tipo[120] o seu gênero e matéria; o outro, porque é capaz, se quiser, de exercer um saber, desde que não se verifique um impedimento externo. Um terceiro, ainda, exercendo já um saber, ao (re)conhe

114 Ver *Ph.* III.2, 201b31.

115 Ποιητικός (τό).

116 Ver II.4, 416a29-b9.

117 Isto é, tornou-se semelhante.

118 Ἁπλῶς (lit., "de forma simples"). Com Tomás Calvo, p. 186, n. 44.

119 Δυνατός é uma forma adjetival relacionada com δύναμις; designa, por isso, o "estado de potência" dos dois homens.

120 Isto é, de o seu gênero (e a sua matéria) ser adequado a que tal suceda.

cer[121] que isto é um "A", está sendo um "sábio" em realização plena e em sentido próprio. Os dois primeiros, com efeito, sendo sábios em potência, <tornam-se sábios em atividade>. Um, porém, o fez ao ter sido alterado mediante a aprendizagem e ter mudado, repetidamente, de um estado para o estado contrário[122]; o outro, por seu turno, o fez ao passar da posse do saber, matemático ou gramatical, sem o exercer, para o seu exercício.

"Ser afetado" também não é unívoco. Num sentido, é certa destruição pelo seu contrário; noutro, é antes a preservação do que existe em potência pelo que existe em ato e assemelha-se a ele do mesmo modo que a potência se relaciona com o ato. Isso porque aquele que possui o saber passa a exercê-lo[123], o que ou não é ser alterado (pois se trata do progresso no sentido de si mesmo e da realização plena), ou é outro tipo de alteração. Não é correto afirmar, por isso, que o que pensa se altera quando pensa[124], como não se altera o construtor quando constrói. Com efeito, levar um ser do entender e pensar[125] em potência para o ato não consiste em ensinar. É justo, pois, que possua outra designação. O ser que parte da existência potencial, aprendendo e adquirindo ciência pela ação do que existe em ato e é capaz de ensinar, não se deve afirmar que é afetado, como ficou dito. Caso contrário, teria de haver dois tipos de alteração: a mudança no sentido de estados passivos[126] privativos[127] e a

---

121 'Επίστασθαι.

122 Isto é, tendo "viajado", repetidamente, entre os estados de ignorância e conhecimento.

123 De θεωρεῖν. Sigo Tomás Calvo, p. 187.

124 De φρονεῖν. Adotamos o tradicional "pensar", salientando que a opção pelo emprego de um termo de significado tão abrangente oculta a dificuldade de definir, em cada ocorrência, o sentido que A. lhe atribui (ser dotado de sensatez, prudência ou discernimento, compreender, encontrar-se na posse dos seus sentidos, ...).

125 De φρονεῖν.

126 Διαθέσεις, ver διάθεσις (Tomás Calvo, p. 188).

127 Στερητικός.

mudança no sentido de estados ativos[128] e da natureza <da coisa>[129].

A primeira mudança do ser que possui sensibilidade é operada pelo progenitor e, uma vez gerado, possui já – como o que possui uma ciência – o percepcionar. O percepcionar em atividade[130] considera-se semelhante ao exercício da ciência, embora eles difiram quanto ao fato de as coisas que produzem o exercício da percepção serem externas (o visível e o audível, e bem assim os restantes sensíveis). O que o motiva é a percepção em atividade ser dos particulares, enquanto a ciência é dos universais. Estes estão, de algum modo, na própria alma. Entender depende, por isso, do próprio, de quando tiver vontade, enquanto percepcionar não depende do próprio, pois o sensível tem necessariamente de estar presente. O mesmo sucede no caso das ciências dos sensíveis, e pelo mesmo motivo: é que os sensíveis são particulares e externos.

Mas para esclarecer melhor esses aspectos haverá mais tarde ocasião[131]. Por agora, fique assinalado o seguinte: "ser em potência" não é dito univocamente. Numa acepção, é como se disséssemos que uma criança é capaz[132] de conduzir um exército; na outra, como se disséssemos que um adulto o é – é desta última maneira que se comporta a facul-
418a dade perceptiva. E, uma vez que não existe uma designação para a diferença entre os dois casos[133], e que se distinguiu, a seu respeito, que são diferentes e como são diferentes, temos necessariamente de usar "ser afetado" e "ser alterado"

---

128 Ἕξεις, ver ἕξις (Tomás Calvo, p. 188).

129 Do ser, ou do sujeito.

130 Κατ' ἐνέργειαν. Ou o exercício da percepção, o percepcionar.

131 Ver III.4.

132 Δυνατός. Nova ocorrência do adjetivo que designa o "estado de potência".

133 Isto é, entre as duas maneiras de estar em potência.

como termos autorizados[134]. Além disso, a faculdade perceptiva é em potência da mesma qualidade que o sensível é já em ato, como dissemos[135]: não é semelhante quando é afetado, mas depois de ter sido afetado torna-se semelhante e é da mesma qualidade que aquele.

6. As faculdades da alma. A sensibilidade: As três acepções do sensível

No que diz respeito a cada sentido, temos de nos pronunciar primeiro acerca dos sensíveis. "Sensível" diz-se em três acepções: em duas delas dizemos que os percepcionamos por si mesmos, na outra por acidente. Dos dois primeiros sensíveis, um é próprio de cada sentido, enquanto o outro é comum a todos. Chamo "próprio de cada sentido" ao que não pode ser percepcionado por outro sentido e a respeito do qual é impossível errar, como: a visão da cor, a audição do som e o gosto do sabor. O tato, por sua vez, possui várias diferenças[136]. Cada um dos sentidos discrimina, em todo o caso, esse tipo de sensíveis e não se engana a respeito de serem uma cor ou um som. Pode enganar-se, porém, a respeito do que é ou onde está o colorido ou o que soa. Os sensíveis daquele tipo são, portanto, os ditos "próprios de cada sentido". Os comuns, por seu turno, são o movimento, o repouso, o número, a figura[137] e a grandeza[138]. É que esses não são próprios de nenhum sentido, sendo antes comuns a todos. Por exemplo, um movimento é sensível tanto pelo tato como pela visão. Algo é dito sensível por acidente se

[134] Κύρια ὀνόματα. Entendemos, com Ross (p. 234), que A. pretende dizer que os utilizará como termos técnicos.

[135] Ver II.5, 417a18-20.

[136] Διαφοραί. Isto é, o tato percepciona diversas qualidades sensíveis.

[137] Σχῆμα. Está em causa a forma entendida como figura ou contorno exterior.

[138] Μέγεθος.

percepcionamos, por exemplo, certo objeto branco como sendo o filho de Diares. Tal se percepciona por acidente porque é aquilo que acompanha[139] o objeto branco o que se percepciona. É também por isso que <o sujeito que percepciona> em nada é afetado pelo percepto[140] enquanto tal. Dos sensíveis por si mesmos, os próprios é que são, em rigor, sensíveis, e é a esses que a essência[141] de cada sentido responde por natureza.

7. As faculdades da alma.
A sensibilidade: A visão e o seu objeto

O objeto da visão é o visível. Ora, visível é a cor e algo que, sendo embora descritível por palavras, não possui nome (tornar-se-á claro mais à frente a que nos referimos[142]). O visível é a cor, e esta é o que cobre o que é visível por si mesmo (por si mesmo, não por ser visível pela sua definição[143], mas porque possui em si mesmo a causa[144] de ser visível). Toda cor é capaz de mover aquilo que é transparente em atividade; nisso consiste a sua natureza. A cor não é visível, por esse motivo, sem luz; pelo contrário, toda cor de cada coisa é vista à luz. E é por isso que cumpre dizer, em primeiro lugar, o que é a luz.

Existe, então, algo transparente. Chamo "transparente" ao que é visível não por si mesmo, para o dizer numa palavra, mas por causa de uma cor que lhe é alheia. São dessa natureza o ar, a água e muitos corpos sólidos. A água e o ar são transparentes não enquanto água e enquanto ar, mas porque

139 Συμβέβηκε τοῦτο. Isto é, um seu acidente.

140 Aἰσθητόν (τό).

141 Οὐσία.

142 A. refere-se aos corpos fosforescentes; ver II.7, 419a1-6 (Ross, *comm. ad loc.*).

143 Λόγος.

144 Αἴτιον.

existe em ambos certa natureza que é a mesma que existe no corpo eterno que está no ponto mais alto do firmamento[145]. A luz é, por sua vez, a atividade deste, isto é, do transparente enquanto transparente. Mas naquilo em que o transparente existe em potência existe também a escuridão. Já a luz é como que a cor do transparente, quando o transparente está em ato pela ação do fogo ou de algo da mesma natureza que o corpo que está no ponto mais alto do firmamento, pois a este pertence uma e a mesma propriedade[146] que àquele. Ficou dito, com efeito, o que são o transparente e a luz: a luz não é fogo nem, de todo, um corpo, nem uma emanação de algum corpo (já que, assim, seria também algum tipo de corpo); a luz é antes a presença, no transparente, do fogo ou de algo do mesmo tipo, porque não é possível dois corpos estarem ao mesmo tempo no mesmo lugar. Mais, o contrário da luz parece ser a escuridão. Ora, a escuridão é a privação, no transparente, de uma disposição[147] desse tipo, de forma que a presença dela[148] é evidentemente a luz. Assim, não está certo Empédocles e qualquer outro que tenha afirmado o seguinte: a luz move-se e estende-se, num dado momento, entre a terra e aquilo que a rodeia, sem que disso nos apercebamos. É que tal perspectiva contraria a clareza do raciocínio e os fatos observados. Numa distância pequena, realmente, <o fenômeno> poderia escapar-nos; mas é verdadeiramente excessivo <supor> que nos escaparia na distância que vai do Oriente ao Ocidente.

O que é capaz de receber a cor é o acromático e o que é capaz de receber o som é o insonoro. Ora, acromático é o

145 Ver Ross, *comm. ad loc.*, com remissão para *Cael.* 270b21; Tricot, p. 107, n. 4; Rodier, *comm. ad loc.*

146 Quer dizer, existe uma propriedade comum ao corpo celestial e ao fogo, a luminosidade (Ross, *comm. ad loc.*).

147 Trata-se da disposição que produz a presença do fogo (ver Tricot, p. 108, n. 6).

148 "Dela" diz respeito a "uma tal disposição", relação gramaticalmente não óbvia no texto de A., mas assim interpretada por Ross (p. 240) e Tricot (p. 108, n. 6).

transparente, seja o invisível ou o que se vê muito mal, como parece ser o caso do que é escuro. É desse tipo o transparente – não quando é transparente em ato, mas quando é transparente em potência. É que a mesma natureza[149] é por vezes escuridão e por vezes luz. Nem todas as coisas visíveis o são à luz, mas apenas, de cada coisa, a cor que lhe é própria. Algumas coisas não se veem à luz, produzindo antes sensação na escuridão, como as coisas de aparência fogosa e brilhante (não existe um termo que as designe), por exemplo <certos> cogumelos[150], a carne, e as cabeças, escamas e olhos dos peixes. Em nenhum desses casos, de fato, se vê a cor própria; e por que é que eles se veem, é outro assunto[151]. No que diz respeito a isso, fica claro, agora, que o que se vê à luz é a cor; por isso, a cor não se vê sem luz. E isto é o ser para a cor: é ser capaz de mover o transparente em atividade; e o ato do transparente, por seu turno, é a luz. Uma clara prova disso é que, se se colocar um objeto colorido sobre o olho, ele não será visto. É, antes, a cor que move o transparente – por exemplo, o ar –, e este, sendo contínuo, move o órgão sensorial. Não se pronuncia corretamente Demócrito, ao considerar que, se o que está no meio[152] estivesse vazio, se veria claramente até uma formiga no céu. Ora, isso é impossível. O ver acontece, de fato, quando o órgão sensorial sofre alguma afecção – e é impossível, evidentemente, que tal afecção seja produzida por ação da cor vista. Resta, nesse caso, que a afecção seja produzida pelo intermediário, pelo que tem de existir necessariamente um intermediário. Assim, se de fato estivesse vazio o espaço entre eles, não se veria claramente – ou melhor, nada se veria, de todo.

149 Φύσις. Refere-se ao transparente. Quer dizer, "darkness and light are simply different states of the same thing" (Ross, *comm. ad loc.*).

150 Existem espécies de cogumelos que são, de fato, fosforescentes. Rodier (*comm. ad loc.*) dá como exemplo o *agaricus olearius*.

151 Trata-se, novamente, dos corpos fosforescentes. De acordo com Ross (*comm. ad loc.*), a fosforescência é referida em *Sens*. 2, 437b5-7, mas A. não explica, em obra alguma, o que a motiva. Ver *supra*, II.7, 418a27-28.

152 Μεταξύ (τό). Isto é, o que está entre o órgão sensorial e o objeto.

Já foi dito, com efeito, o motivo pelo qual é necessário que a cor seja vista à luz. O fogo, por sua vez, vê-se em ambos os casos, na escuridão e à luz, e isso, necessariamente, porque é por ação deste que o transparente se torna transparente. O mesmo raciocínio se aplica ao som e ao cheiro, pois nenhum deles produz a sensação quando está em contato com o órgão sensorial. O intermediário é, antes, movido pelo cheiro e pelo som, e cada órgão sensorial, por sua vez, é movido pelo intermediário. Se se colocar, no entanto, o que soa ou o que exala cheiro sobre o órgão sensorial, não se produzirá nenhuma sensação. O mesmo é válido para o tato e para o paladar, embora não pareça; mais à frente tornar-se-á claro por que assim é[153]. Ora, o intermediário dos sons é o ar, o do cheiro não possui nome. Existe, pois, certa afecção comum ao ar e à água, presente em ambos, e que é para o cheiro o que o transparente é para a cor. Até os animais aquáticos, de fato, parecem possuir o sentido do olfato. O homem, 419b
no entanto, e todos os animais terrestres que respiram, não podem cheirar sem estar respirando. A razão de ser desses fatos será também exposta posteriormente[154].

8. As faculdades da alma. A sensibilidade: A audição e o seu objeto; a voz

Passemos agora a explicar, em primeiro lugar, o som e a audição. Existem dois tipos de som: um em atividade, o outro em potência. Dizemos que algumas coisas não possuem som, como a esponja e a lã, e que outras o possuem, como o bronze e todos os objetos sólidos e lisos. É que estes últimos são capazes de soar, isto é, são capazes de produzir som em atividade no que está entre eles mesmos e o ouvido. O som em atividade é sempre de alguma coisa, contra alguma coisa e em alguma coisa, pois o que o produz é um golpe. Por esse

[153] Ver II.11, 422b34-423a13, e II.11, 423b1-26.

[154] Ver II.9, 421b13-422a6.

motivo, também é impossível que se gere som quando existe apenas uma coisa: é que são diferentes o objeto atingido e o que atinge. O objeto que soa, assim, soa contra alguma coisa. Ora, o golpe não acontece sem haver uma deslocação. Mais, como dissemos, o som não consiste no choque entre quaisquer coisas: a lã não produz nenhum som se sofrer um golpe, mas tal acontece no caso do bronze e dos objetos lisos e ocos. O bronze, porque é liso, e os objetos ocos, por causa da repercussão[155], produzem muitos golpes após o primeiro, sendo aquilo que foi posto em movimento[156] incapaz de escapar. Além disso, ouve-se no ar e na água (embora pior). O fator determinante na produção do som não é, no entanto, nem o ar nem a água: é preciso que ocorra um golpe entre objetos sólidos e com o ar. Tal acontece quando o ar, depois de ter sofrido um golpe, resiste e não se dispersa. Por isso é que o ar soa, se sofrer um golpe com rapidez e veemência. O movimento daquele que bate, portanto, tem de ser necessariamente mais rápido do que a dispersão do ar, como se atingíssemos um monte ou um remoinho de areia enquanto se desloca com rapidez. O eco, por sua vez, sucede quando, tornando-se o ar compacto[157] por causa da cavidade que o limita e impede de se dispersar, ele é repelido, como uma bola. É provável, pois, que suceda sempre eco, embora nem sempre seja distinto. Acontece, então, ao som o mesmo que à luz: ora, a luz reflete-se sempre, ou não haveria luz em todo o lado, e sim escuridão fora da zona iluminada pelo sol. Mas ela não se reflete sempre da maneira como é refletida pela água, pelo bronze ou por qualquer outro objeto liso, isto é, de forma que produza uma sombra, fenômeno pelo qual definimos a luz. Afirma-se, corretamente, que o vazio é o fator determinante do ouvir. Pensa-se, pois, que o ar é um vazio, e é este que produz o ouvir quando, contínuo e compacto, é movido. Mas, dado o ar ser

155 Ἀνάκλασις.

156 Isto é, neste caso, o ar.

157 Ἕν, ver εἷς.

friável[158], isso não acontece senão quando é liso o objeto que sofre o golpe. É que nesse caso o ar torna-se compacto[159] simultaneamente por causa da superfície, pois é compacta[160] a de um objeto liso. 420a

Aquilo que é capaz de produzir som é, efetivamente, aquilo que é capaz de mover o ar, compacto[161] pela sua continuidade, até o ouvido. E o ar, por sua vez, está congenitamente unido ao ouvido. Por este estar mergulhado no ar, quando o ar exterior se encontra em movimento, o ar interior move-se. Por isso é que o animal não ouve por todas as partes do corpo e o ar não o penetra por todo lado: não é em todo lado que a parte que há de mover-se e que emite som possui ar. O ar em si mesmo, com efeito, é insonoro, por se dispersar facilmente; já quando é impedido de se dispersar, o seu movimento é um som. O ar existente nos ouvidos, porém, está vedado de forma que não se mova[162], para percepcionar apuradamente todas as diferenças do movimento. É por isso que também ouvimos na água, porque ela não penetra o ar congenitamente unido ao ouvido; nem sequer penetra a orelha, por causa das suas espirais[163]. Não ouvimos, quando isso acontece, como não ouvimos no caso de uma doença afetar a membrana[164], tal como, por exemplo, <quando alguma afeta> a pele que cobre a pupila[165]. O fato de o ouvido ressoar permanentemente, como um corno, é um indício de que se ouve ou não. É que o ar existente nos ouvidos está sempre se movendo com um movimento que lhe é próprio;

158 Ψαφυρός. Trata-se de um termo de difícil tradução, que designa o caráter "frangível" do ar, que se dispersa e "fragmenta" (ver Tricot, p. 115, n. 3).

159 Εἷς.

160 Ἕν, ver εἷς.

161 Εἷς.

162 Não para que esteja completamente imóvel. Para uma discussão do problema, ver Rodier, *comm. ad loc.*

163 Trata-se da parte do ouvido a que se dá o nome de "labirinto".

164 Μῆνιγξ. Trata-se da membrana do tímpano (Ross, *comm. ad loc.*).

165 Trata-se da córnea (Ross, *comm. ad loc.*; Rodier, *comm. ad loc.*; Tricot, p. 117, n. 1).

já o som é alheio <ao ouvido>, não lhe é próprio. E por isso dizem que ouvimos por meio do vazio e que este ressoa: ouvimos, com efeito, por meio de algo[166] que contém ar, e este está vedado.

E qual dos dois soa, o objeto que atinge ou o objeto atingido? Ou ambos, mas de forma diferente? O som é, pois, o movimento daquilo que é capaz de mover-se da mesma maneira que os objetos que ressaltam das superfícies lisas quando os atingimos. De fato, nem todo objeto que atinge e é atingido, como dissemos[167], soa (por exemplo, no caso de uma agulha bater em outra). O objeto atingido, com efeito, tem de possuir uma superfície uniforme, de forma que o ar, coeso[168], salte e vibre[169].

As diferenças entre as coisas que soam manifestam-se claramente no som em atividade. É que, como sem luz não se veem as cores, sem som não se pode distinguir o agudo e o grave. Esses termos dizem-se por metáfora dos tangíveis: o agudo move muito o sentido em pouco tempo, ao passo que o grave o move pouco em muito tempo. Não que, na verdade, o agudo seja rápido e o grave lento; antes, o movimento é desse tipo por causa da rapidez, num caso, e da lentidão, no outro. Tal parece ser análogo ao que o agudo e o rombo são para o tato: o agudo como que fere, enquanto o rombo como que empurra, por um mover em pouco tempo, o outro em muito; por consequência, um é rápido e o outro, acidentalmente, lento. No que diz respeito ao som, fiquemos por aqui.

A voz é certo som de um ser animado[170], porque nenhum dos inanimados dispõe de voz. Apenas por analogia se diz que estes usam a voz[171], como, por exemplo, a flauta,

[166] Isto é, de um órgão.

[167] Ver II.8, 419b6 e 419b14.

[168] Isto é, formando como que uma massa una, compacta.

[169] Sigo Tomás Calvo (p. 197) e Tricot (p. 118).

[170] Isto é, que possui alma.

[171] Φωνεῖν.

a lira e todos os outros seres inanimados que dispõem de altura, duração e articulação[172], pois a voz parece possuí-las. Muitos animais não possuem voz, como os animais não sanguíneos e, dentre os sanguíneos, os peixes. E faz sentido que assim seja, se de fato o som é um certo movimento do ar. Já os peixes que se diz possuírem voz, como os existentes no Aqueloo[173], produzem <apenas> um som com as brânquias[174] ou com outra parte do mesmo tipo. A voz, pelo contrário, é o som de um animal, mas não produzido por uma parte qualquer <do corpo>. Ora, como tudo soa <apenas> quando alguma coisa atinge outra coisa e em alguma coisa, sendo esta última o ar, faz sentido que disponham de voz apenas os animais que inalam o ar. A natureza, assim, utiliza o ar inalado em duas funções, assim como utiliza a língua para o paladar e para a linguagem articulada[175], dos quais o paladar é indispensável (e por isso está presente na maioria dos animais), enquanto a comunicação tem por finalidade o bem-estar. Do mesmo modo, a natureza utiliza o ar, por um lado, para manter a temperatura interior, enquanto coisa necessária (será explicado em outro local por quê) e, por outro, para a voz, para proporcionar bem-estar. O órgão para a respiração, por sua vez, é a laringe[176], que existe por causa de outra parte, o pulmão. É por causa dessa parte que os animais terrestres possuem uma temperatura superior à dos outros animais. A região que mais precisa da respiração

---

[172] 'Απότασις, μέλος, διάλεκτος.

[173] Nome de vários rios. Ver *HA* IV.9, 535b.

[174] Ou guelras.

[175] Διάλεκτον.

[176] Tricot esclarece o problema: "φάρυγξ désigne, non pas le φάρυγξ, mais le λάρυγξ. C'est seulement Galien qui a distingué le λάρυγξ (qu'il nomme λάρυγξ) et le φάρυγξ (οἰσοφάγος). Comme le remarque Trendel., 321, *difficile est apud Aristotelem* φάρυγγα *ab* ἀρτηρία (*la traquée-artère*) *accurate discernere*: la confusion est manifeste dans tout ce qui suit" (p. 120, n. 6). Rodier (*comm. ad loc.*) pronuncia-se no mesmo sentido e remete para *HA* IX.4, 535a32.

é a que fica em torno do coração[177]. Por isso, é necessário que o ar, ao ser respirado, entre. De forma que o golpe do ar inalado, pela ação da alma existente em tais partes <do corpo>, contra a chamada "traqueia"[178] é a voz. É que nem todo o som de um animal é voz, como dissemos (é possível, pois, emitir som com a língua ou ao tossir). É necessário, então, que seja um ser animado[179] o que golpeia, e que tal suceda juntamente com alguma representação[180]. É que a voz é certo som com significado, não apenas <o som> do ar inalado, como a tosse: a voz é antes o choque desse ar[181] com o existente na traqueia e contra ela. É prova disso o fato de não conseguirmos emitir voz quando estamos inspirando ou expirando, mas o fazermos quando retemos a respiração. É que, quando se retém a respiração, imprime-se movimento com esse ar. É evidente, de igual modo, por que os peixes não possuem voz: eles não possuem laringe. Os peixes não possuem tal parte porque não inalam o ar nem respiram. Por que isso assim é, é outro assunto[182].

9. As faculdades da alma.
A sensibilidade: O olfato e o seu objeto

No que respeita ao cheiro e ao que pode ser cheirado, é menos fácil defini-los do que os <sentidos> já referidos, pois não é tão clara a natureza do cheiro como é a do som ou da cor. O motivo é que não possuímos esse sentido apu-

[177] Sigo a interpretação de Ross (*comm. ad loc.*).

[178] Segundo Rodier, "ἀρτηρία désignerait donc la trachée et c'est, en effet, le sens que paraissent indiquer d'autres passages d'Aristote, qui, du reste, ne semble pas avoir bien nettement distingué l'ἀρτηρία du φάρυγξ" (*comm. ad loc.*, com remissão para *HA* I.12, 493a5, *PA* III.3, 664a17, e *HA* I.11, 492b25).

[179] Isto é, possua alma.

[180] Φαντασία (Tomás Calvo, p. 199; Tricot, p. 121).

[181] Ou seja, do ar inspirado.

[182] Ver *PA* III.6, 669a2-5.

rado, mas em grau inferior ao de muitos animais. É que o homem percepciona o cheiro rudemente, não percepcionando nenhum dos objetos que podem ser cheirados sem que sejam desagradáveis ou agradáveis; e tal significa que o órgão sensorial não é apurado. Faz sentido que os animais de olhos secos[183] também percepcionem as cores assim, e que para eles não sejam distintas as diferenças entre as cores, excetuando o fato de lhes causarem ou não medo. É assim que se comporta o gênero humano relativamente aos cheiros.

Tal sentido parece análogo ao paladar, e as espécies[184] dos sabores às do cheiro. Temos, contudo, o paladar mais apurado, por este ser uma forma de tato, o sentido mais apurado que o homem possui. Nos outros sentidos, com efeito, é ultrapassado por muitos animais; no que se refere ao tato, porém, possui, diferentemente, maior apuro do que a maioria dos animais. E por isso é o mais inteligente[185]. Uma prova disso é o fato de, no gênero humano, ser-se dotado de inteligência, ou não, depender desse órgão sensorial e de nenhum outro: os homens de carne dura são pouco dotados de inteligência, ao passo que os homens de carne mole são bem-dotados[186].

Tal como o sabor é doce ou amargo, os cheiros também o são. Umas coisas possuem um cheiro e um sabor semelhantes – refiro-me, por exemplo, a um cheiro e um sabor doces –, outras cheiro e sabor contrários. Então o cheiro é, similarmente, acre, áspero, ácido e gorduroso[187]. Como dissemos, no entanto, pelo fato de os cheiros não serem tão

---

[183] Σκληρόφθαλμα (τά).

[184] Εἴδη, ver εἶδος.

[185] Φρονιμώτατον (trata-se do superlativo de superioridade de φρόνιμος).

[186] Διάνοια, que traduzimos excepcionalmente por "inteligência", por exigência do contexto.

[187] Os termos gregos que designam as qualidades dos cheiros são, por ordem: δριμύ, αὐστηρόν, ὀξύ, λιπαρόν.

claramente distintos como os sabores, desses retiraram eles
421b os seus nomes, dada a semelhança dos seus objetos. Assim, o cheiro doce é o do açafrão e do mel, o cheiro amargo é o do tomilho e de outras coisas do mesmo tipo; e o mesmo acontece nos outros casos[188]. Ora, do mesmo modo que a audição e cada um dos sentidos dizem respeito ao audível e ao inaudível, e ao visível e ao invisível, o olfato diz respeito ao que pode ser cheirado e ao que não pode ser cheirado. O que não pode ser cheirado é o que não é, de todo, capaz de possuir cheiro e o que possui um cheiro pouco intenso e fraco. Do mesmo modo se usa "insípido".

O olfato também atua mediante um intermediário, como o ar ou a água. Até os animais aquáticos, com efeito, parecem percepcionar o cheiro, sejam ou não sanguíneos, tal como os animais que vivem no ar. É que alguns deles vêm de longe, guiados pelo cheiro, ao encontro do alimento. Surge-nos, por isso, uma dificuldade, se todos os seres sentem o cheiro da mesma maneira, embora o homem cheire apenas ao respirar. O homem <cheira>, de fato, quando está respirando, mas não cheira quando expira ou sustém a respiração. Isso é assim, esteja o objeto distante ou próximo, nem que seja colocado em contato com a parte de dentro do nariz. Mais, é comum a todos os seres o fato de um objeto colocado sobre o órgão sensorial não ser perceptível, sendo embora algo próprio dos homens não percepcionar sem respirar. Isso se torna claro quando fazemos experiências. Os animais não sanguíneos, consequentemente, como não respiram, poderiam possuir algum outro sentido, além dos já referidos. Mas isso é impossível, se de fato percepcionam o cheiro. É que o sentido do que pode ser cheirado, seja ele desagradável ou agradável, é o olfato. Além disso, os animais em causa são, manifestamente, destruídos pelos cheiros fortes que destroem o homem (por exemplo, o betume, o enxofre e outros desse tipo). É necessário, com efeito, que

[188] Isto é, no caso dos outros cheiros.

percepcionem o cheiro, mas não ao respirarem. Ora, esse órgão sensorial parece diferir, nos homens, do dos outros animais, como os olhos humanos diferem dos dos animais de olhos secos. Assim, os primeiros possuem uma proteção, como uma cobertura[189], as pálpebras, e não veem sem as mover e subir. Já os animais de olhos secos não possuem nada desse tipo, vendo diretamente o que se passa no transparente. Do mesmo modo, em alguns animais o órgão olfativo também está a descoberto, como está o olho, enquanto outros, os que inalam o ar, dispõem de uma cobertura. Esta é recolhida quando respiram, devido à dilatação das veias e dos poros. E é por isso que os animais que respiram não sentem o cheiro no elemento úmido: têm necessariamente de ter respirado para cheirar, e não conseguem fazer isso no elemento úmido. O cheiro, assim, diz respeito ao que é seco, como o sabor ao que é úmido, e o órgão olfativo é, em potência, desse tipo[190].

10. As faculdades da alma. A sensibilidade: O paladar e o seu objeto

O que pode ser saboreado[191] é um certo tipo de tangível. Esse é o motivo pelo qual não é perceptível mediante um intermediário que seja um outro corpo[192]; é que isso nem no caso do tato sucede. Mais, o corpo no qual o sabor existe – o que pode ser saboreado –, reside no úmido, como sua matéria[193]; e o úmido é algo tangível. Por esse motivo, se vivêssemos na água, percepcionaríamos uma coisa doce que lá fosse colocada. Só que não teríamos tal sensação me-

[189] Trata-se do envelope.

[190] Isto é, seco.

[191] Γευστόν (τό). Isto é, que pode ser objeto do sentido do gosto ou paladar.

[192] Quer dizer, um ente diferente de si mesmo.

[193] A matéria do objeto do gosto é o úmido (Tricot, p. 127, n. 3).

diante o intermediário, mas sim pelo fato de a coisa doce se misturar com a água, como no caso de uma bebida. Já a cor não se vê assim, isto é, por se misturar, nem por emanações[194]. Nesse caso[195] não existe, efetivamente, nenhum intermediário: do mesmo modo que o visível é a cor, assim o que pode ser saboreado é o sabor. Ora, nada produz sensação do sabor sem umidade, possuindo, antes, umidade em atividade ou em potência. É como, por exemplo, o salgado, que se dissolve e decompõe facilmente em contato com a língua. Então, a visão diz respeito ao visível e ao invisível (pois a escuridão é invisível, mas a visão também a distingue), e ainda ao que é excessivamente brilhante (e também isso é invisível, embora de uma forma diferente da da escuridão). E, similarmente, a audição diz respeito ao som e ao silêncio (destes, sendo um audível e o outro inaudível), e ao som demasiado forte do mesmo modo que a visão respeita ao brilho (como o som fraco é inaudível, de alguma maneira também o são o som demasiado forte e o violento). Ora, "invisível" é dito quer em sentido absoluto (como se diz, em outros casos, "impossível"), quer no caso de uma coisa que, embora possua naturalmente visibilidade, não a tenha ou a tenha debilmente (como um animal que não tem pés e um fruto sem caroço). E é também assim, na verdade, que o paladar diz respeito ao que pode e ao que não pode ser saboreado, sendo este o que tem um sabor leve ou fraco, ou um sabor que destrói o paladar. A origem <dessa distinção> parece ser o bebível e o não bebível, pois de ambos existe certo paladar, mas o do último é mau e destrói [o paladar], enquanto o do primeiro é conforme à sua natureza. Assim, o que é bebível é comum ao tato e ao paladar.

422b Como o que pode ser saboreado é úmido, o órgão sensorial que lhe corresponde não pode, necessariamente, nem ser úmido em ato nem incapaz de se umidificar. O paladar é, pois, de alguma forma, afetado por aquilo que pode ser

[194] ’Απόρροιαι (pl. de ἀπόρροια).

[195] Ou seja, no caso do sabor.

saboreado enquanto tal. O órgão do paladar tem necessariamente de umidificar-se, tendo a capacidade de se umidificar preservando-se[196], embora não sendo úmido <em ato>. Uma prova disso é o fato de a língua não percepcionar nem quando está seca nem quando está excessivamente úmida. Nesse caso, dá-se o contato com a umidade que estava inicialmente <na língua>, como quando, depois de se ter provado um sabor forte, se prova outro. O mesmo acontece aos doentes: tudo lhes parece amargo, por percepcionarem com a língua coberta por uma umidade amarga.

As espécies[197] dos sabores, como no caso das cores, são os contrários simples, isto é, o doce e o amargo, derivando de um o gorduroso, do outro o salgado. Entre eles existem o acre, o áspero, o azedo e o ácido[198]. Parecem ser aproximadamente essas as diferenças dos sabores. A faculdade gustativa é, portanto, potencialmente desse tipo[199], ao passo que aquilo que o torna desse tipo em ato é o que pode ser saboreado.

11. As faculdades da alma. A sensibilidade: O tato e o seu objeto

A respeito do tangível pode dizer-se o mesmo que a respeito do tato: se o tato, com efeito, não é unicamente um sentido mas vários, é necessário que os sensíveis tangíveis também sejam vários. Aqui se coloca uma dificuldade: se se trata de diversos sentidos ou apenas de um; e qual é o órgão sensorial do tato, se é a carne e, nos outros seres, algo análogo ou não, sendo esta antes um intermediário e o órgão sensorial primário uma outra coisa interna. Ora, todo senti-

[196] Lit., "o primeiro úmido", que se refere à umidade da língua. Sigo Tomás Calvo, p. 205.

[197] Εἴδη, ver εἶδος.

[198] Δριμύ, αὐστηρόν, στρυφνόν, ὀξύ.

[199] Isto é, aquilo que é capaz de saborear (τὸ γευστικόν) é, em potência, doce, amargo, etc.

do parece respeitar a um único par de contrários[200], como a visão ao branco e ao preto, a audição ao agudo e ao grave, e o paladar ao amargo e ao doce. No tangível, por seu turno, estão presentes várias contrariedades: quente e frio, seco e úmido, duro e mole[201], e outros desse tipo. Existe, porém, uma solução parcial para tal dificuldade, o fato de para os outros sentidos existirem também diversos pares de contrários. Por exemplo, na voz: não existem apenas o grave e o agudo, mas também o alto e o baixo[202], a suavidade e a aspereza[203] da voz, e outros desse tipo. No que respeita à cor, existem igualmente outras diferenças daquele tipo. Ainda assim, não é totalmente claro qual é o objeto único subjacente, que é para o tato o que o som é para o ouvido.

Se o órgão sensorial é ou não interno, sendo nesse caso diretamente a carne, não parece constituir prova disso o fato de a sensação suceder ao mesmo tempo que tocamos. Até nas presentes circunstâncias, com efeito, se se cobrisse a carne com alguma coisa, fazendo como que uma membrana, esta, logo que o contato se desse, transmitiria a sensação da mesma maneira. Isso quando, evidentemente, o órgão sensorial não reside na tal membrana. Se a membrana estivesse congenitamente unida à carne, a sensação chegaria ainda mais depressa. Por isso, tal parte do corpo[204] parece comportar-se como se um invólucro de ar nos envolvesse, congenitamente unido a nós[205]: julgaríamos, pois, percepcionar som, cor e odor mediante um único órgão e serem

200 'Εναντίωσις.

201 Σκληρός/μαλακός.

202 Μέγεθος/μικρότης.

203 Λειότης/τραχύτης.

204 Isto é, a carne.

205 Ross (*comm. ad loc.*) é esclarecedor: "He seeks to elucidate the function of flesh (τὸ τοιοῦτον μόριον τοῦ σώματος) in the sense of touch. If we had been constantly enveloped by a sphere of air which was organically attached to us (περιεπεφύκει) – if, in fact, this had been the outermost part of our organism – we should have supposed that it was the single organ by which we perceive colour, sound and scent."

algum único sentido a visão, a audição e o olfato. Nas presentes circunstâncias, porém, dado que os meios através dos quais os movimentos se geram estão separados, é evidente que os referidos órgãos sensoriais são diferentes uns dos outros. No caso do tato, pelo contrário, isso não é claro, pois um corpo animado não pode ser composto <unicamente> de ar ou água; é necessário que haja algo sólido. Resta, na verdade, que o corpo seja uma mistura desses elementos[206] com a terra, como a carne e o que lhe é semelhante tendem a ser. Assim, o corpo tem necessariamente de ser o intermediário do tato, naturalmente unido[207] a ele, através do qual as várias sensações se geram. Que as sensações são várias, mostra-o claramente o tato no caso da língua: a língua percepciona todos os tangíveis com a mesma parte[208] com que percepciona o sabor. Se, com efeito, a restante carne percepcionasse também o sabor, o paladar e o tato pareceriam ser um e o mesmo sentido. Mas são dois, na realidade, por não se converterem um no outro[209].

Poder-se-ia, então, colocar o seguinte problema: se todo o corpo tem profundidade (isto é, a terceira dimensão), por um lado, estando certo corpo entre dois corpos, não é possível que estes dois se toquem; por outro, nem o úmido nem o molhado[210] existem sem um corpo; é necessário, antes, que sejam ou possuam água. Mais, os corpos que se tocam dentro da água, como as suas extremidades[211] não estão secas, têm necessariamente água entre eles, a água que cobre as extremidades. E, se isso é verdadeiro, é impossível que os objetos se toquem um ao outro na água e, do mesmo modo, no ar, já que o ar se relaciona com os ob-

---

[206] Ou seja, ar e água.

[207] Προσπεφυκός.

[208] Isto é, com o mesmo órgão.

[209] 'Αντιστρέφειν.

[210] Διερόν, "that which is wet on the surface" (Ross, *comm. ad loc.*, com base em *GC* II.2, 330a16).

[211] As extremidades designam, aqui, a superfície exterior dos objetos.

jetos nele existentes como a água com os nela existentes. Isso nos escapa, pois, especialmente a nós, como aos ani- 423b mais aquáticos escapa o fato de um objeto molhado tocar outro objeto molhado. E, assim, a percepção se dá da mesma maneira para todas as coisas, ou a objetos diferentes correspondem diferentes maneiras de percepcionar? Isso é o que se julga, usualmente: que o paladar e o tato atuam ao haver contato, enquanto os outros sentidos atuam a distância. Mas essa perspectiva não está correta – pelo contrário, percepcionamos até o duro e o mole mediante outras coisas, tal como o sonoro, o visível e o que pode ser cheirado; só que os últimos percepcionamos a distância, os primeiros perto. Por isso o intermediário nos passa despercebido. Percepcionamos tudo, efetivamente, através de um meio, embora nesses casos[212] não nos apercebamos disso. E mais: como dissemos anteriormente, se percepcionássemos todos os tangíveis através de uma membrana[213] sem nos darmos conta de que esta nos separaria dele, estaríamos como estamos agora na água e no ar. Isso porque julgamos, nessas circunstâncias, que tocamos as próprias coisas e que nada existe de permeio. O tangível difere, contudo, dos objetos visíveis e dos sonoros, pois percepcionamos estes últimos pelo fato de o intermediário agir de alguma maneira[214] sobre nós, enquanto não percepcionamos os tangíveis pela ação de nenhum intermediário, mas sim em simultâneo com ele. É como um homem atingido através do seu escudo: o escudo não lhe bateu depois de ter sido atingido, foram ambos atingidos em simultâneo quando tal sucedeu. De forma geral, então, a carne e a língua parecem relacionar-se com o órgão sensorial como o ar e a água se relacionam com <o órgão da> visão, da audição e do olfato. Nem num caso nem no outro a sensação se daria pelo contato <do objeto> com o órgão sensorial, como se se colocasse certo objeto

[212] Os casos do tato e do paladar.

[213] ‘Υμήν.

[214] Ποιεῖν τι (lit., “fazer algo”).

branco sobre a superfície exterior do olho. É manifesto, por isso, que aquilo que é capaz de percepcionar o tangível está no interior[215]. Desse modo é que acontecerá o mesmo que aos outros sentidos: não percepcionamos os objetos colocados sobre o órgão sensorial, enquanto já percepcionamos os colocados sobre a carne. A carne é, assim, o intermediário do tato.

Tangíveis são, então, as diferenças[216] do corpo enquanto corpo. Refiro-me às diferenças que definem os elementos – o quente e o frio, o seco e o úmido –, sobre as quais discorremos anteriormente, no *Tratado sobre os Elementos*[217]. Ora, o órgão sensorial relativo àquelas é o do tato, isto é, aquilo em que reside, primeiramente, o sentido chamado "tato", e esta parte é, em potência, daquele tipo[218]. Percepcionar é, pois, sofrer certa afecção; de forma que aquilo que age[219] torna o que existe em potência igual a si mesmo em atividade, e do mesmo tipo. Não percepcionamos, por esse motivo, um objeto que é tão quente e frio ou duro e mole <como o órgão>, mas antes os seus excessos. Assim, o sentido é, nos sensíveis, como que um meio entre os contrários[220]. É por isso que ele discrimina os sensíveis: o elemento que serve de meio é capaz de discriminar, pois se transforma, por referência a cada extremo, no extremo contrário. E como aquilo que se dispõe a percepcionar o branco e o preto não pode ser, necessariamente, nenhum dos dois em atividade, mas ambos em potência (e o mesmo no caso dos outros sentidos também), igualmente no caso do tato não pode ser nem quente nem frio. Além disso, tal como a visão diz respeito, de alguma forma, ao visível e ao invisível, e si-

215 Está na região do coração (ver II.11, 423a15).

216 Διαφοραί, ver διαφορά. Trata-se das qualidades distintivas (Ross, *comm. ad loc.*).

217 Ver *GC* II.2-3.

218 Isto é, quente, fria, seca, etc.

219 Ποιοῦν (ver ποιεῖν).

220 ’Εναντίωσις.

milarmente os demais sentidos em relação aos contrários, o tato diz respeito, da mesma maneira, ao tangível e ao intangível. É intangível, então, o que possui em fraco grau uma diferença característica das coisas tangíveis – como acontece ao ar –, e ainda os excessos dos tangíveis, como os corpos destrutivos[221].

A respeito de cada um dos sentidos pronunciamo-nos em traços gerais.

12. As faculdades da alma. A sensibilidade em geral: o sentido

Sobre a sensibilidade[222] em geral é preciso perceber que o sentido é aquilo que é capaz de receber[223] as formas[224] sensíveis sem a matéria, como, por exemplo, a cera recebe a impressão[225] de um anel sem o ferro e o ouro. A cera, com efeito, recebe a impressão do ferro ou do ouro, mas não enquanto ouro ou ferro. Ora, é da mesma maneira que o sentido é afetado por cada objeto que possua cor, sabor ou som – não enquanto cada um dos objetos individualmente é dito, mas enquanto dotado de certa qualidade, e de acordo com a proporção[226]. O órgão sensorial primário[227] é, então,

[221] Isto é, os objetos que destroem os sentidos.

[222] Αἴσθησις. Ver Mesquita, p. 516, n. 96.

[223] Δεκτικόν: aquilo que é capaz de receber.

[224] Εἴδη, ver εἶδος.

[225] Σημεῖον.

[226] Λόγος. Na interpretação que seguimos, designa a proporção segundo a qual o objeto se relaciona com o sentido. Trata-se de um sintagma de tradução difícil e polêmica nesse contexto. Segundo Ross, "In this difficult passage the main difficulty is that of discovering the exact meaning of λόγος [...] and here λόγος seems to mean a relation in which such a creature stands to the things it perceives" (p. 265). Já na opinião de Rodier (*comm. ad loc.*), "il est plus probable que κατὰ τὸν λόγον signifie 'dans sa forme' (ἡ οὐσία ἡ κατὰ τὸν λόγον)". Tomás Calvo interpreta a expressão como designando "a forma" (p. 211).

[227] Αἰσθητήριον πρῶτον. Ver II.11, 422b22-23.

aquilo em que reside uma faculdade desse tipo. <O órgão sensorial e a faculdade> são, de fato, o mesmo, mas o seu ser é diferente – caso contrário, o ente que percepciona deveria ser uma certa grandeza, quando nem o ser da faculdade perceptiva nem o sentido o são. Estes são, antes, certa proporção[228] e faculdade daquele que percepciona[229]. Fica claro, a partir desses aspectos, por que é que os excessos dos perceptos[230] destroem, a dada altura, os órgãos sensoriais. Na verdade, caso o movimento do órgão sensorial seja excessivamente violento, a proporção[231] é destruída – e isso é o sentido –, como acontece no caso da harmonia e do tom, quando as cordas são excessivamente esticadas. Ficou claro, ainda, por que as plantas não percepcionam, embora possuindo uma parte da alma[232] e sendo, de algum modo, afetadas pelos tangíveis, pois arrefecem e aquecem. Justifica-o, então, o fato de não possuírem um meio, um princípio de uma natureza tal que possibilite receber as formas[233] dos sensíveis <sem a matéria>; <as plantas> são afetadas, antes, pela forma com a matéria.

Poder-se-ia perguntar se algo incapaz de cheirar poderia ser, de algum modo, afetado pelo cheiro, ou pela cor algo incapaz de ver. O mesmo se poderia questionar, ainda, a respeito dos sentidos restantes. Se, de fato, o que pode ser cheirado é o cheiro, e se o cheiro produz algum efeito, é a olfação o que produz. Nenhum ente incapaz de cheirar pode, assim, ser afetado pelo cheiro (e o mesmo raciocínio se aplica aos <sentidos> restantes); nem os seres capazes

---

228 Λόγος.

229 Ἐκείνου, "daquele". Tricot (p. 140) entende que a referência é ao sujeito sensível, ao passo que Ross (p. 264) a interpreta como respeitando ao órgão.

230 Αἰσθητά, ver αἰσθητόν (τό).

231 Λόγος. Rodier (*comm. ad loc.*) e Tricot (p. 140, n. 2) interpretam-no como "forma", em conformidade com a leitura atrás referida.

232 Ψυχικόν, ver ψυχικός.

233 Εἴδη, ver εἶδος.

<de percepcionar são afetados pelo sensível>, exceto em virtude de cada um deles possuir a capacidade de o percepcionar. Isso fica claro também da seguinte maneira: não são a luz, a escuridão, o som nem o cheiro que agem sobre os corpos, mas sim as coisas nas quais eles existem (por exemplo, é o ar acompanhado do trovão que fende a árvore). Os tangíveis e os sabores, porém, agem sobre os corpos: se não fosse assim, por ação de que coisa é que os seres inanimados seriam afetados e alterados? E os objetos dos outros sentidos, como atuarão também sobre as coisas? Ou nem todos os corpos podem ser afetados pelo cheiro e pelo som, e os corpos afetados são os indefinidos e os que não permanecem, como o ar (pois o ar exala cheiro, como se tivesse sido, de alguma maneira, afetado)? O que é, então, o cheirar, além de consistir em algum tipo de afecção? Ou cheirar é também percepcionar, enquanto o ar, depois de ser afetado, se torna imediatamente sensível?

Livro III

1. Sensibilidade.
A existência de um sexto sentido; sentido comum

Que não existe outro sentido além dos cinco (refiro-me à visão, à audição, ao olfato, ao paladar e ao tato), disso nos persuadirá o que se segue. Se possuímos sensação, nas presentes circunstâncias, de tudo aquilo de que o tato é o sentido[1] (todas as afecções do tangível enquanto tangível são sensíveis, para nós, pelo tato), será necessário supor que, se de fato alguma sensação nos escapa, nos escapa então também algum órgão sensorial. Ora, tudo o que percepcionamos quando tocamos é sensível pelo tato, sentido que realmente possuímos. Mais, tudo quanto percepcionamos por meio de um intermediário, e não quando tocamos, é sensível por meio de corpos simples[2] – refiro-me ao ar e à água. E, no que respeita ao último caso, acontece o seguinte: se <qualidades> diferentes umas das outras em gênero são sensíveis por um único meio, o ente que possui o órgão sensorial desse tipo[3] tem de ser necessariamente capaz de percepcionar ambas <as qualidades> – por exemplo, se o órgão

[1] Αἴσθησις. Quer dizer, possuímos sensação de tudo o que é tangível.

[2] "Corpo simples" designa um dos quatro elementos.

[3] Isto é, adequado ou apropriado ao meio (ver Tricot, p. 146, n. 3).

sensorial é constituído de ar, sendo que o ar é o meio para o som e para a cor. Já se são vários os meios pelos quais se 425a percepciona o mesmo sensível (por exemplo, a cor, que tem por meios o ar e a água, pois ambos são transparentes), o ente dotado de um órgão sensorial constituído apenas por um deles[4] percepcionará o sensível transmitido por ambos os meios. Dos corpos simples, os órgãos sensoriais são compostos apenas de dois: de ar e de água. A pupila é, com efeito, composta de água; o ouvido, de ar; o olfato, de um ou de outro. Quanto ao fogo, ou não entra na constituição de nenhum órgão sensorial, ou é comum a todos (pois nada é perceptível sem calor). A terra, por seu turno, ou não entra na constituição de nenhum, ou é sobretudo no tato[5] que ela está misturada de uma maneira particular. Daqui decorre que não existe nenhum órgão sensorial além daqueles que são compostos de água e de ar. Agora, alguns animais possuem esses órgãos sensoriais[6]: todas as sensações[7] são experimentadas pelos animais que não são imperfeitos[8] nem mutilados (até a toupeira, de fato, parece possuir olhos por baixo da pele). Se não existe, dessa forma, algum outro corpo[9] daqui[10], nem nenhuma propriedade que não pertença a nenhum dos corpos[11], então não nos estará escapando nenhum outro sentido.

Tampouco é possível que exista algum órgão sensorial próprio dos sensíveis comuns, isto é, os que percepcionamos acidentalmente mediante cada sentido, como o movimento,

[4] Trata-se dos intermediários, a água ou o ar.

[5] Sigo a interpretação de Tricot (p. 147).

[6] Isto é, os órgãos sensoriais compostos de ar e de água.

[7] Αἰσθήσεις, ver αἴσθησις (Tricot, p. 147).

[8] Ver III.11.

[9] Ou seja, um quinto elemento.

[10] Isto é, que exista neste mundo.

[11] Está em causa uma propriedade que não pertença a nenhum dos corpos existentes no mundo (Tomás Calvo, p. 214).

o repouso[12], a figura[13], a grandeza, o número, a unidade[14]. Percepcionamos todos esses, com efeito, pelo movimento. Por exemplo, percepcionamos a grandeza pelo movimento e, consequentemente, a figura, pois esta é certa grandeza. Percepcionamos pelo movimento também aquilo que está em repouso, por não se mover. Já o número, percepcionamo-lo por movimento quer pela negação do contínuo, quer pelos sensíveis próprios, pois cada sensação percepciona uma única coisa[15]. Assim, é impossível que exista, evidentemente, um sentido próprio de cada um daqueles[16], como, por exemplo, do movimento. Seria, pois, como nas presentes circunstâncias percepcionamos o doce pela vista. E isso acontece porque temos a sensação de ambos[17], pelo que, quando sucedem juntos, reconhecemo-los simultaneamente. Se não, não percepcionaríamos <os sensíveis comuns> de nenhuma outra forma a não ser por acidente: por exemplo, percepcionamos, no que se refere ao filho de Cléon, não que ele é o filho de Cléon, mas que é branco. Acontece, com efeito, ao branco[18] ser filho de Cléon. Já dos sensíveis comuns possuímos sensação comum, e não por acidente. Não existe, porém, um sentido próprio deles, ou não percepcionaríamos esses objetos senão do modo que foi dito [que vemos o filho de Cléon]. É por acidente, de fato, que os sentidos percepcionam os sensíveis próprios uns dos outros. Não <atuam>, pois, enquanto os sentidos <particulares> que são, mas enquanto um único sentido, quando se dá, simultaneamente, sensação em relação ao mesmo objeto. Por exemplo, a sensação de que a bílis é amar-

[12] Στάσις.

[13] Σχῆμα.

[14] Ἕν.

[15] Ou seja, uma única qualidade sensível.

[16] Quer dizer, um sentido próprio de cada um dos sensíveis comuns.

[17] Isto é, da cor (objeto próprio da visão) e do sabor.

[18] Isto é, o branco é por acidente filho de Cléon.

ga e amarela: não respeita, pois, a outro sentido[19] dizer que ambos[20] são uma única coisa[21]. E é por isso que se erra e, se uma coisa for amarela, vamos pensar que é bílis.

Poder-se-ia perguntar para que temos diversos sentidos, e não apenas um. Será para nos escaparem menos os sensíveis comuns, como o movimento, a grandeza e o número, que acompanham <os sensíveis próprios>?[22] Se houvesse, pois, apenas a vista[23], e ela percepcionasse o branco[24], <os sensíveis comuns> escapar-nos-iam mais facilmente e, por exemplo, pelo fato de a cor e a grandeza se acompanharem, simultaneamente, uma à outra, todos <os sensíveis> nos pareceriam ser o mesmo[25]. Mas como, nas presentes circunstâncias, os sensíveis comuns existem também em outro sensível[26], isso torna claro que cada um deles é algo diferente[27].

2. Sensibilidade.
O sentido comum

Uma vez que percepcionamos que vemos e ouvimos, é necessário que percepcionemos que vemos ou com a vista,

[19] Αἴσθησις. Quer dizer, pertence ao sentido comum, não a um dos cinco sentidos em particular.

[20] Isto é, ambas as qualidades: o amargo e o amarelo.

[21] Quer dizer, fazem parte de uma mesma coisa.

[22] Ἀκολουθοῦντα (τά): "les sensibles communs sont les dérivés (ἀκολουθοῦντα) des sensibles propres, don't ils découlent par simple analyse et qu'ils accompagnent toujours" (Tricot, p. 151, n. 4).

[23] Ou seja, se dispuséssemos apenas da visão, se esse fosse o único sentido que tivéssemos para percepcionar os sensíveis comuns.

[24] Devemos entender "branco" num sentido geral, como se se referisse a "cor" (Tricot, p. 151, n. 5).

[25] Não distinguiríamos os objetos sensíveis próprios dos comuns; os primeiros são percepcionados apenas pelo sentido que lhes respeita (ex.: o branco e a visão), os outros podem ser percepcionados por todos os sentidos (Ross, *comm. ad loc.*).

[26] Isto é, nos objetos de outro sentido. Com Ross, p. 268.

[27] Ou seja, isso torna claro que os sensíveis comuns são diferentes dos sensíveis próprios de cada sentido.

ou com algum outro sentido. O mesmo sentido, assim, percepcionaria a vista e o seu objeto[28], isto é, a cor, de tal forma que ou haverá dois sentidos que percepcionam o mesmo[29], ou um sentido se percepcionará a si mesmo. Mais, se o sentido que percepciona a vista for diferente, ou <formarão uma série> até o infinito[30], ou haverá algum sentido <nessa série> que se percepcione a si mesmo, de modo que é preferível assumir isso em relação ao primeiro da série[31]. Levanta-se aqui uma dificuldade: se percepcionar com a vista é ver, e se se vê uma cor ou um objeto que possui cor, então se aquilo que vê pode ser visto, é porque aquilo que vê também terá, primitivamente, cor. É evidente, portanto, que o percepcionar por meio da vista não é uma única coisa[32]. É que até quando não vemos discriminamos com a vista quer a escuridão, quer a luz, embora não do mesmo modo[33]. Além disso, aquilo que vê também é, num certo sentido, colorido, pois cada órgão sensorial é capaz de receber[34] o sensível sem a matéria. Por isso, ainda que os sensíveis se tenham afastado, as sensações e as imaginações permanecem nos órgãos sensoriais.

A atividade do sensível e do sentido é também uma e a mesma, embora o ser não seja, para elas, o mesmo. Refiro-me, por exemplo, ao som em atividade e à audição em atividade. É possível não ouvir, embora tendo audição, e é possível que

---

[28] Ὑποκείμενον (τό).

[29] Quer dizer, haveria dois sentidos que percepcionariam o mesmo objeto.

[30] Sigo a interpretação de Tomás Calvo (p. 218). Quer dizer, se existir um sentido que percepciona a visão, existirá, consequentemente, uma série infinita de sentidos que são sentido de outro sentido (Tricot, p. 153, n. 1).

[31] Isto é, deve-se supor que é o primeiro sentido o que possui percepção de si mesmo, isto é, a vista percepciona a visão, não sendo necessário supor um segundo (isto é, outro) sentido. Trata-se de uma frase de difícil e polêmica interpretação (ver Rodier, *comm. ad loc.* para diferentes perspectivas).

[32] Quer dizer, não é unívoco, podendo ter outras acepções.

[33] Isto é, não do mesmo modo que discriminamos a cor (ver Ross, p. 272; Tricot, pp. 153-4, n. 4).

[34] Δεκτικόν.

aquilo que possui som não soe sempre. Quando se ativa aquilo que é capaz de ouvir e soa aquilo que é capaz de soar, então se geram, simultaneamente, a audição em atividade e o som em atividade. Destes, poder-se-ia dizer que são um o ato de ouvir[35]; o outro, o de soar[36]. Se, com efeito, o movimento, a ação [e a afecção] existem no ente sobre o qual se agiu, é necessário que o som e a audição em atividade existam na audição[37] em potência, pois a atividade do ente que age e do que move acontece naquele que é afetado[38]; por isso, não é necessário que aquilo que move seja movido. Ora, a atividade daquilo que é capaz de soar é o som ou o ato de soar, a daquilo que é capaz de ouvir é a audição ou o ato de ouvir[39]. A audição e o som existem, assim, em duas acepções. O mesmo raciocínio aplica-se aos outros sentidos e aos outros sensíveis. Tal como a ação e a paixão sucedem, também, no ente que é afetado, e não no que age, assim a atividade do sensível e a da faculdade perceptiva se dão na faculdade perceptiva. Mas em alguns casos há designações <para ambos os atos[40]>, como o soar e a audição, enquanto em outros casos um ou outro não têm nome. Chama-se "visão" ao ato da vista; o da cor, por sua vez, não possui nome. A gustação[41] é, pois, a atividade do paladar. Já a atividade do sabor não possui nome.

Visto que a atividade do sensível e da faculdade perceptiva são a mesma, embora o seu ser seja diferente, é necessário que a audição, percebida dessa maneira[42], e o som, e ainda o sabor e o gosto (e os outros similarmente) pereçam

---

[35] Ἄκουσις.

[36] Ψόφησις. Não é óbvio que substantivo português possa corresponder à realidade transmitida pelo grego. O mais adequado seria, talvez, "o ressoar".

[37] Ἀκοή.

[38] Ou seja, no paciente (ver πάσχειν).

[39] Ἄκουσις.

[40] Sigo a interpretação de Tomás Calvo (p. 219).

[41] Γεῦσις.

[42] Isto é, entendida como atividade.

e permaneçam simultaneamente; já quanto aos mesmos, mas percebidos como potência, tal não é necessário. Os primeiros fisiólogos, todavia, não diziam bem isso. Julgavam, pois, que não existiam branco nem negro sem a vista, e que não existia o sabor sem o paladar; umas coisas diziam corretamente, outras não. Ora, a "percepção sensorial" e o "sensível" dizem-se de duas maneiras: de umas coisas, em potência; de outras, em atividade. No caso das últimas, com efeito, acontece o que disseram; no caso das primeiras, já não. Eles pronunciavam-se, de fato, de forma unívoca a respeito de coisas que não podem ser ditas de forma unívoca[43].

Se a voz é, com efeito, certa síntese harmoniosa[44], e a voz e a audição são, de certo modo, uma única coisa [embora, de outro modo, não sejam uma e a mesma coisa]; mais, se a síntese harmoniosa é uma certa proporção[45], então é necessário que a audição seja alguma proporção[46]. E também é por isso que o excesso – cada um deles: quer o grave, quer o agudo – destrói a audição. Nos sabores, de maneira semelhante, <o excesso destrói> o paladar. Já nas cores, 426b <destrói> a visão o que é excessivamente luminoso ou escuro. No olfato, <fazem-no> o cheiro forte, seja doce ou amargo. Isso acontece, com efeito, porque o sentido é uma certa proporção. Por isso <as qualidades sensíveis>[47] são aprazíveis, quando, puras e sem mistura, são levadas à proporção.

[43] O adv. ἁπλῶς significa "de forma simples". Optamos pela tradução "de forma unívoca" porque o que A. quer dizer é que aqueles se pronunciavam sem reconhecer o duplo sentido das realidades às quais se referiam.

[44] Συμφωνία. Trata-se de um termo de tradução difícil. Tricot (p. 157) verte-o por "harmonia", como Tomás Calvo (p. 219); Ross (p. 273) opta por "concord". De acordo com Rodier (*comm. ad loc.*), A. tem em vista, de fato, "un accord de sons, une proportion, c'est-à-dire une synthèse, conforme à une certaine loi". Daí que tenhamos optado por traduzir o substantivo por uma expressão composta, o que permite distinguir claramente essa realidade daquela que no Livro I traduzimos, de fato, por "harmonia".

[45] Λόγος (Tomás Calvo, p. 219).

[46] Λόγος.

[47] Sigo a interpretação de Tomás Calvo (p. 220).

Por exemplo, o agudo, o doce ou o salgado são aprazíveis nesse caso. De forma geral, o que é misturado é uma síntese harmoniosa de preferência ao grave ou ao agudo. [Já para o tato <é aprazível> aquilo que é capaz de aquecer ou aquilo que é capaz de refrescar.] O sentido é, assim, a proporção, e <os sensíveis> que se dão em excesso causam dor ou destroem.

Cada sentido, com efeito, diz respeito ao sensível correspondente, existe no órgão sensorial enquanto órgão sensorial e discrimina as diferenças do sensível correspondente. Por exemplo, a visão discrimina o branco e o preto, e o paladar o doce e o amargo. O mesmo se passa, assim, nos outros casos. E, uma vez que, além do branco e do doce, discriminamos igualmente cada um dos sensíveis entre si, é mediante alguma coisa que percepcionamos o fato de serem diferentes[48]. É forçoso, então, que seja mediante um sentido, já que se trata de sensíveis. Fica claro, desse modo, que a carne não é o órgão sensorial último; ou então a faculdade que discrimina discriminaria, necessariamente, ao tocar <o sensível>. Além disso, não é possível, com efeito, discriminar que o doce é diferente do branco mediante órgãos sensoriais separados. É preciso, pois, que seja mediante um único, para o qual ambas as qualidades sejam evidentes. Se o percepcionássemos, de fato, dessa maneira[49], se eu percepcionasse um objeto e tu outro, seria evidente para nós que são diferentes um do outro. Mas é preciso que algo único diga que essas coisas são diferentes, pois, de fato, o doce é diferente do branco. Aquilo que o diz é, na verdade, uma única faculdade; de forma que, assim como o diz, também o entende e percepciona.

Ficou claro, assim, que não é possível que se discriminem coisas separadas mediante órgãos sensoriais separados. Que também não podem ser discriminadas em tempos separados, decorre do que se segue. Como a mesma <faculdade> diz que são diferentes o bom e o mau, assim também,

[48] Ver III.7, 431a20-b1.

[49] Isto é, mediante órgãos sensoriais separados.

quando diz que uma dessas coisas é diferente, diz igualmente que a outra coisa também é diferente. Aqui, o "quando"[50] não é por acidente. Refiro-me ao seguinte: digo agora que são coisas diferentes; não digo, porém, que são coisas diferentes agora. Pelo contrário, <tal faculdade> pronuncia-se da seguinte maneira: ela diz agora e diz que são coisas diferentes agora. Ou seja, <tal faculdade> diz ambas as coisas simultaneamente. De forma que <essa faculdade> é algo inseparável e dá-se num tempo inseparável. Um mesmo objeto, porém, não pode ser movido mediante movimentos contrários simultaneamente enquanto indivisível e num tempo indivisível. Assim, se é doce, move de certa maneira o sentido ou o pensamento; quanto ao objeto amargo, o fará 427a de maneira contrária; já o branco o fará de uma maneira diferente. Ora, aquilo que discrimina será, simultaneamente, indivisível e inseparável em número, mas separado em ser? Admitamos que, de algum modo, sendo num sentido divisível, percepciona as coisas divisíveis, mas em outro sentido as percepciona enquanto indivisível. É, assim, divisível em ser, mas indivisível em lugar e em número. Mas não será isso impossível? Uma mesma coisa[51], indivisível, é os seus contrários em potência, mas não em ser. Já é divisível, porém, ao passar à atividade. Mais, não é possível que seja simultaneamente branco e preto; por consequência, não pode receber as formas[52] destes se a sensação e o pensamento são daquele tipo[53]. Acontece, antes, o mesmo que àquilo a que alguns chamam "ponto". Em virtude de ele ser um e também ser dois, é, desse modo, indivisível e divisível. Assim, enquanto indivisível, o que discrimina é uma única <faculdade>, e discrimina <as duas coisas> simultaneamente;

---

[50] Ὅτε.

[51] Isto é, uma mesma faculdade.

[52] Εἴδη.

[53] Na interpretação de Tomás Calvo (p. 222), que entende αἴσθησις como "sentido" nesse contexto, se estão em ato. Segundo Tricot (p. 161), se αἴσθησις e νόησις consistem em "recepções desse tipo".

enquanto divisível, usa duas vezes o mesmo ponto[54] e simultaneamente. Mais, enquanto o limite é usado duas vezes, discrimina duas coisas, [separadas,] e em certo sentido separadamente. Já enquanto usa o limite como um, discrimina uma única coisa e instantaneamente.

A respeito do princípio pelo qual dizemos que o animal é dotado de sensibilidade, basta o que determinamos.

3. Faculdades da alma relacionadas com o pensamento. Imaginação: como se relaciona com a sensação

A alma é definida especialmente por duas diferenças, isto é, pelo movimento espacial e por entender e pensar[55]. O percepcionar assemelha-se, com efeito, ao entender e ao pensar. É que, de fato, quer um, quer o outro são como percepcionar alguma coisa. Em ambos os casos, com efeito, a alma discrimina e conhece um ente. Os antigos diziam, igualmente, que pensar e percepcionar são o mesmo. Por exemplo, Empédocles disse que "a sageza é aumentada pelos homens usando o que está presente"[56] e, em outros locais, "daí lhes vem estarem sempre mudando aquilo que pensam"[57]. O mesmo quer dizer a expressão de Homero: "pois de tal natureza é o entendimento"[58]. Todos eles supuseram, assim, que o entendimento é corpóreo, tal como o percepcionar, e que o semelhante se percepciona e pensa[59] pelo semelhante, como explicamos nas exposições do início deste estudo[60]. Deveriam, no entanto, ter-se pronunciado

54 Entendo, com Ross (p. 280), σημεῖον como sinônimo de στιγμή.

55 Φρονεῖν.

56 Empédocles, DK B106. Empédocles refere-se àquilo que se apresenta ao sentido, à percepção sensorial.

57 Empédocles, DK B108. Sigo a interpretação de Tomás Calvo (p. 223).

58 *Odisseia*, 18.136.

59 Φρονεῖν.

60 Ver I.2, 404b8-405b10 (relação entre corpo e alma), e I.2, 405b13-19 (relação entre semelhantes).

também a respeito de nos enganarmos, o que é particularmente característico dos animais e onde a alma se demora 427b mais tempo. Por isso, é necessário, como alguns dizem[61], ou que tudo aquilo que aparece seja verdadeiro, ou que o engano seja a ação de tocar o contrário, uma vez que isso é o inverso de conhecer o semelhante pelo semelhante. É opinião comum, no entanto, que o engano e a ciência dos contrários são o mesmo.

Ora, é evidente que percepcionar e pensar[62] não são o mesmo: de um participam todos os animais, enquanto do outro participam poucos. <Percepcionar> também não é o mesmo que entender, em que ocorre o entender corretamente e o entender incorretamente; o entender corretamente, então, é a sensatez, a ciência e a opinião verdadeira, quando o entender incorretamente é o contrário daquelas. É que a percepção dos sensíveis próprios é sempre verdadeira; mais, ela pertence a todos os animais. Discorrer, pelo contrário, é possível <fazê-lo> falsamente, e não pertence a nenhum animal no qual não exista também raciocínio[63]. A imaginação, por seu turno, é algo diferente da percepção e do pensamento discursivo. Ela não sucede, de fato, sem a percepção sensorial, e sem ela não existe suposição. Que a imaginação não é contudo a mesma coisa que [o pensamento], nem que a suposição, isso é evidente. É que essa afecção[64] depende de nós, de quando temos vontade (é possível, pois, supor algo diante dos olhos, como os que arrumam <as ideias> em mnemônicas, criando imagens[65]). Formar opiniões, por sua vez, não depende apenas de nós, pois <as opiniões> são necessariamente ou falsas ou verdadeiras. Além disso, quando formamos a opinião de que algo é ou temível ou horrendo, somos diretamente afetados. O mesmo acon-

[61] Demócrito, segundo A. em I.2, 404a27-31.

[62] Φρονεῖν.

[63] Λόγος.

[64] Πάθος. Trata-se da imaginação.

[65] Sigo a interpretação de Tricot (p. 166).

tece no caso de algo encorajador. Já quando se trata da imaginação, comportamo-nos como se observássemos, num quadro, as coisas temíveis ou encorajadoras. Da própria suposição também existem vários tipos: a ciência, a opinião, a sensatez e os contrários destas. Acerca da diferença entre estas terá de haver outra exposição[66].

A respeito do entender, uma vez que é diferente do percepcionar, e que dele parecem fazer parte quer a imaginação, quer a suposição, depois de termos explicado detalhadamente o que diz respeito à imaginação, temos de nos pronunciar sobre a última[67]. Se a imaginação é, com efeito, aquilo segundo o qual dizemos que se forma em nós uma imagem – isto, se não usarmos a palavra metaforicamente –, é ela certa potência ou disposição[68] de acordo com a qual discriminamos, dizemos a verdade ou mentimos? Desse tipo são a percepção sensorial, a opinião, a ciência e o entendimento. Que a imaginação não é a percepção sensorial, fica claro a partir do que se segue. A percepção sensorial é, com efeito, ou uma potência ou uma atividade, como a visão e o ato de ver, quando uma imagem pode aparecer-nos sem que suceda nenhum daqueles. É o caso das coisas que nos aparecem nos sonhos. Além disso, a percepção sensorial está sempre presente, e a imaginação não. Já se fossem o mesmo em atividade, a todos os animais selvagens poderia pertencer a imaginação. Não parece, no entanto, que ela exista, por exemplo, na formiga ou na abelha, ou mesmo na larva. Mais, as sensações são sempre verdadeiras, enquanto as imagens são em sua maioria falsas. Portanto, não é quando passamos à atividade[69], com precisão, relativamente ao sensível, que dizemos que isso nos parece um homem; antes o dizemos, preferencialmente, quando não percepcionamos com exatidão se é verdadeiro ou falso. Mais, como dizía-

[66] Ver, para ἐπιστήμη e φρόνησις, *EN* VI.3 e VI.5.

[67] Isto é, a suposição.

[68] Ἕξις (Tomás Calvo, p. 225).

[69] Ἐνεργεῖν.

mos antes: até quando temos os olhos fechados aparecem imagens visuais. Mas a imaginação não será nenhuma das faculdades que são sempre verdadeiras, como a ciência ou o entendimento. É que a imaginação também pode ser falsa. Resta, portanto, perceber se a imaginação é a opinião, pois a opinião é quer verdadeira, quer falsa. Ora, a convicção[70] vincula-se à opinião: não é possível, pois, sustentarmos uma opinião se não parece que nos convença. Dos animais selvagens, porém, a nenhum pertence a convicção, enquanto a imaginação pertence a muitos. [Além disso, a convicção acompanha toda a opinião, implica ter sido persuadido, e a persuasão implica a palavra. Dos animais selvagens, porém, a alguns pertence a imaginação, mas não a palavra.] É evidente, portanto, que a imaginação não poderá ser uma opinião acompanhada de sensação, nem uma opinião gerada por meio da sensação; e também não é uma combinação[71] da opinião e da sensação, por aqueles motivos, e também porque o objeto da opinião não é outro que o objeto da percepção sensorial[72]. Quero dizer, pois, que a imaginação será a combinação da opinião do branco e da sensação do branco; não será, então, a combinação da opinião do bom e da sensação do branco. Imaginar será, com efeito, formar opiniões a respeito do que se percepciona, e não por acidente. Ora, aparecem-nos coisas falsas, a respeito das quais temos, simultaneamente, uma suposição verdadeira. Por exemplo, o sol aparece-nos como se tivesse um pé de diâmetro[73]; e, no entanto, estamos convencidos de que é maior do que a terra habitada. Acontece, então, uma de duas coisas: ou foi rejeitada a opinião verdadeira que tínhamos dele – e isso mantendo-se o fato, e sem nos esquecermos e sem mudarmos

[70] Πίστις.

[71] Συμπλοκή.

[72] Quer dizer, imaginação e sensação terão por objeto a mesma coisa.

[73] Sigo a interpretação de Tomás Calvo (p. 228) e Tricot (p. 169). Certos objetos sensíveis apresentam uma imagem falsa aos sentidos.

de opinião –; ou, se de fato a temos[74], ela tem de ser, necessariamente, verdadeira e falsa. Mas <a opinião verdadeira> só pode tornar-se falsa se nos passar despercebido que o fato se alterou. A imaginação, assim, não é nenhuma dessas coisas nem deriva delas.

Mas visto ser possível que, ao mover-se uma coisa, outra se mova por ação dela, e a imaginação parece ser certo movimento e não ocorrer sem a percepção sensorial – a imaginação parece antes dar-se nos seres dotados de sensibilidade e ter por objeto os objetos da percepção sensorial; mais, visto ser possível que o movimento se dê por ação da percepção em atividade, e esse movimento é necessariamente semelhante à percepção, tal movimento não poderá suceder sem a percepção sensorial e pertence apenas aos seres dotados de sensibilidade: o ser que o[75] possui pode fazer e sofrer muitas <ações>[76] por causa dele, e <esse movimento[77]> pode ser quer verdadeiro, quer falso. Ora, isso acontece pelo seguinte: <em primeiro lugar>, a percepção dos sensíveis próprios é verdadeira, ou está sujeita a um erro mínimo. Em segundo lugar <vem a percepção de> que as coisas que acompanham os sensíveis próprios os acompanham[78]; e aqui é já possível errar. Não se erra, de fato, a respeito de ser branco, mas já se erra quanto ao fato de o branco ser esta ou outra coisa. Em terceiro lugar está o percepcionar dos sensíveis comuns, isto é, os que acompanham os sensíveis por acidente e aos quais os sensíveis próprios pertencem. Refiro-me, por exemplo, ao movimento e à grandeza, [os quais acontecem aos sensíveis próprios]. É especialmente acerca destes que já é possível enganarmo-nos na percepção. Então, o movimento que se gera pela ação da per-

74 Isto é, se conservamos a opinião verdadeira que dele tínhamos.

75 Isto é, aquele que possui o movimento do tipo descrito.

76 Sigo a interpretação de Tomás Calvo (p. 228).

77 Isto é, a imaginação.

78 Isto é, são acidentes (Ross, p. 283). Tricot (p. 171) e Tomás Calvo (p. 228) não consideram <ἅ συμβέβηκε τοῖς αἰσθητοῖς>.

cepção sensorial em atividade será diferente consoante provenha de um destes três tipos de percepção: o primeiro movimento é verdadeiro quando a sensação está presente; os outros podem ser falsos, na presença ou na ausência de sensação, e principalmente quando o sensível está distante. Assim, se nenhuma outra faculdade possui as características referidas a não ser a imaginação, e ela é o que foi dito, a imaginação será um movimento gerado pela ação da percepção sensorial em atividade. Ora, uma vez que a visão é o sentido por excelência[79], a palavra "imaginação" (φαντασία) deriva da palavra "luz" (φάος), porque sem luz não é possível ver. E, pelo fato de <as imagens> permanecerem e serem semelhantes às sensações, os animais fazem muitas coisas graças a elas. Acontece isso a uns – por exemplo, aos animais selvagens – por não terem entendimento; a outros, porque se lhes tolda, por vezes, o entendimento, por estarem doentes ou durante o sono. Esse é o caso, por exemplo, dos homens.

A respeito da imaginação – o que é e por quê – basta o que foi dito.

4. Faculdades da alma relacionadas com o pensamento. Entendimento e entender

Acerca da parte da alma pela qual ela conhece[80] e pensa[81], se tal parte é separável, ou se, não sendo separável no que se refere à grandeza, o é no que se refere à definição[82], cumpre investigar que diferença possui e como se gera o entender. Se o entender é como o percepcionar, então é sofrer alguma afecção por ação do objeto entendível, ou outra coisa desse tipo. É preciso, portanto, que <essa parte da

[79] Sigo a interpretação de Tomás Calvo (p. 229) e Tricot (p. 172).

[80] Γινώσκειν.

[81] Φρονεῖν.

[82] Λόγος.

alma> seja impassível, embora capaz de receber a forma[83], e que seja, em potência, como a forma, mas não ela mesma. O entendimento deve relacionar-se com os objetos entendíveis do mesmo modo que a faculdade perceptiva se relaciona com os sensíveis. Ora, o entendimento, uma vez que entende todas as coisas, tem de existir, necessariamente, sem mistura, como disse Anaxágoras[84], para comandar, isto é, para conhecer, pois ao exibir a sua própria forma <o entendimento> constitui obstáculo à forma alheia e nela interfere[85]. <O entendimento> não pode ser, consequentemente, de nenhuma natureza a não ser desta, que é ser capaz[86]. O chamado "entendimento" da alma (chamo "entendimento" àquilo com que a alma discorre e faz suposições) não é, em atividade, nenhum dos seres antes de entender. Não é razoável, por isso, que o entendimento esteja misturado com o corpo, pois se tornaria de uma certa qualidade, frio ou quente, ou teria algum órgão, como a faculdade perceptiva tem. Nas presentes circunstâncias, no entanto, ele não <tem nenhum órgão>. Ora, corretamente se pronunciam os que dizem que a alma é o lugar das formas[87], excetuando o fato de não ser toda a alma, mas apenas a que entende, e de não serem as formas em ato, mas sim em potência. Que não são iguais a impassibilidade da faculdade perceptiva e a da faculdade que entende, é manifesto no caso dos órgãos sensoriais e do sentido. Este não é capaz de percepcionar, efe-
429b tivamente, depois de <ter sido afetado[88] por> um sensível excessivamente forte. Por exemplo, não percepcionamos o som depois de sons fortíssimos e, depois de cores e cheiros intensos, não vemos nem cheiramos. Já o entendimento, depois de ter entendido algo de grau superlativo, não entende pior os inferiores; pelo contrário, entende-os melhor. É

[83] Εἶδος.

[84] Anaxágoras, DK B12.

[85] Sigo a interpretação de Tricot (p. 174, n. 5) e Tomás Calvo (p. 230).

[86] Δυνατός. Ou seja, ser em potência.

[87] Εἴδη, ver εἶδος.

[88] Sigo a interpretação de Tomás Calvo (p. 231).

que, enquanto a faculdade perceptiva não existe sem o corpo, o entendimento é separável. Quando este se torna cada um dos seus objetos, como se diz do sábio em atividade (isto acontece quando ele é capaz de passar à atividade por si mesmo[89]), existe ainda, de algum modo, em potência, embora não da mesma maneira que antes de ter aprendido ou descoberto; então, ele é capaz de entender a si mesmo.

Uma vez que a grandeza é diferente do que é o ser para uma grandeza e a água diferente do que é o ser[90] para a água (assim acontece, também, em muitos outros casos, embora não em todos; em alguns casos, uma e outra são a mesma coisa), discriminamos o ser para a carne e a carne ou com outra, ou com a mesma faculdade, mas de maneiras diferentes. A carne não existe, de fato, sem a matéria, mas é, como o adunco, certa forma em certa matéria[91]. Pela faculdade perceptiva discriminamos o quente, o frio e as coisas que, em certa proporção, constituem a carne. É já com outra faculdade, separada ou que se relaciona com aquela como uma linha curva se relaciona consigo mesma quando é esticada, que discriminamos o que é, para a carne, ser. No caso dos entes abstratos, novamente, o que é direito corresponde ao adunco, pois este existe com o que é contínuo. O que era para ser[92] – se são diferentes o ser para a reta e a reta – é outra coisa. Admitamos, pois, que é uma dualidade[93]; discrimina-se, assim, com outra faculdade, ou com a mesma, mas disposta de maneira diferente[94]. De forma geral, portanto, tal como os objetos são separáveis da matéria, assim também acontece no caso dos objetos que dizem respeito ao entendimento.

Poder-se-ia perguntar o seguinte: se o entendimento é simples e impassível e nada possui em comum com nada,

---

89 Ver II.5, 417a21-b2.

90 Isto é, o ser e a essência (o que é, para uma coisa, ser) são diferentes. Ver *Met.* 1031a15-31 (Ross, *comm. ad loc.*).

91 Sigo Tomás Calvo, p. 232.

92 Τὸ τί ἦν εἶναι. Isto é, a essência.

93 Ou uma díade.

94 Sigo Ross (p. 290) e Tricot (p. 178).

como disse Anaxágoras, como entenderá, se entender é sofrer alguma afecção, pois em virtude de existir em duas coisas algo comum, uma parece agir, a outra ser afetada? Mais, o entendimento será, ele mesmo, entendível? Pertencerá o entendimento aos outros seres, se ele é entendível por si, e não mediante outra coisa, sendo o entendível algo uno em espécie? Estará misturado com alguma coisa que o torna entendível como as outras coisas entendíveis?

Quanto ao fato de ser afetado se dar em virtude de alguma coisa comum, determinamos anteriormente que o entendimento é, de algum modo, em potência os objetos entendíveis, mas não é nenhum deles em ato antes de entender: é, em potência[95], como uma tabuinha em que ainda não existe nada escrito em ato. É o que acontece no caso do entendimento. E o próprio, por seu turno, é entendível como os objetos entendíveis. No caso das coisas imateriais, o que entende e o que é entendido são o mesmo, pois a ciência teorética e o objeto cientificamente cognoscível[96] são o mesmo. Já o motivo pelo qual não entendemos sempre, ainda é preciso examiná-lo[97]. Pelo contrário, nas coisas que possuem matéria, existe em potência cada um dos objetos entendíveis; a tais coisas não pertencerá, portanto, o entendimento (pois é sem a matéria que o entendimento é uma potência daquele tipo de objetos[98]), mas ao entendimento pertencerá ser entendível.

5. Faculdades da alma relacionadas com o pensamento. Entendimentos ativo e passivo

Uma vez que[99], na natureza no seu todo, algo existe que é matéria para cada gênero (ou seja, aquilo que é, em potên-

[95] Sigo a lição adotada por Ross (δυνάμει).

[96] Ἐπιστητόν (τό).

[97] Ver III.5.

[98] Ou seja, dos objetos que possuem matéria.

[99] Alguns manuscritos apresentam ὥσπερ. Suprimo com Ross.

cia, todas aquelas coisas[100]), e uma outra coisa, que é a causa[101] e o que age[102], por fazer todas as coisas (como, por exemplo, a técnica em relação à sua matéria), na alma têm de existir também, necessariamente, tais diferenças. Existe, pois, um entendimento capaz de[103] se tornar todas as coisas, e outro existe capaz de fazer todas as coisas[104], como certo estado[105] semelhante à luz. É que a luz faz, de algum modo, das cores existentes em potência, cores em atividade. E esse é o entendimento separável, impassível e sem mistura, sendo em essência[106] uma atividade. É que aquele que age[107] é sempre mais estimável do que aquele que é afetado, como <é sempre mais estimável> o princípio do que a matéria. [...][108] É apenas depois de separado que o entendimento é aquilo que é, e apenas isso é imortal e eterno. Não recordamos, porém, porque este é impassível, enquanto o entendimento passivo[109] é perecível; e, sem este[110], nada há que entenda.

---

[100] Isto é, todas as coisas daquele gênero.

[101] Αἴτιον (τό).

[102] Ποιητικόν (τό).

[103] Sigo Tomás Calvo (p. 234).

[104] Sigo Tomás Calvo (p. 234).

[105] Ἕξις.

[106] Οὐσία (Ross, p. 295; e Tricot, p. 182).

[107] Ποιοῦν (τό).

[108] Não consideramos, aqui, a sequência τό δ᾽αὐτό... οὐ νοεῖ, que surge no capítulo 7 (ver Ross, *comm. ad loc.* e p. 44). O editor considera que a passagem prejudica a sequência do texto no presente capítulo, defendendo a sua leitura no capítulo III.7. O texto é o seguinte: "A ciência em atividade é a mesma coisa que o seu objeto; já a ciência em potência é temporalmente anterior no indivíduo, embora em absoluto nem temporalmente seja anterior. Não é verdade, no entanto, que umas vezes entenda, outras não."

[109] Νοῦς παθητικός.

[110] Isto é, o entendimento ativo.

6. Faculdades da alma relacionadas com o pensamento. A apreensão dos indivisíveis

O pensamento sobre os indivisíveis diz respeito às coisas acerca das quais não existe o falso. Naquelas a respeito das quais existem quer o falso, quer o verdadeiro, existe já uma espécie de composição de pensamentos como se fossem uma única coisa. Como disse Empédocles: "muitas cabeças lhe cresceram sem pescoço"[111], depois foram unidas pela amizade. De tal modo se compõem também esses <pensamentos>, que existiam separados. São disso exemplo o incomensurável e a diagonal[112]. Já no caso de serem coisas passadas ou futuras, o entendimento e a composição incluem o tempo[113]. O falso existe sempre, então, numa composição, pois até ao dizermos que uma coisa branca não é branca juntamos o "branco" e o "não branco". Podemos chamar, também, "divisão" a todos esses casos. Mas, com efeito, é falso ou verdadeiro não apenas que Cléon é branco, mas também que o era ou o será. Aquilo que o torna uno é, em cada um <dos casos>, o entendimento.

Uma vez que "indivisível" é dito em duas acepções, em potência e em atividade, nada impede de entender o indivisível quando se entende a extensão[114] (pois ela é indivisível em atividade), e num tempo indivisível – já que o tempo é, do mesmo modo que a extensão, divisível e indivisível. Não é possível dizer, de fato, que parte <da extensão> se estava entendendo em cada metade <do tempo>. É que <as metades> não existem senão em potência, se não se tiver feito a divisão. Entendendo, no entanto, cada uma das metades se-

[111] Empédocles, DK B57. A primeira palavra é interpretada por Ross como o dativo singular do artigo definido no feminino ("para ela"), enquanto Tricot (p. 185) a entende como um advérbio ("aí"). Seguimos a interpretação de Ross (p. 299).

[112] Ou seja, o incomensurável e a diagonal juntam-se, formando a "incomensurabilidade da diagonal".

[113] Sigo a interpretação de Tomás Calvo (p. 235).

[114] Μῆκος.

paradamente, divide-se também, simultaneamente, o tempo; então, é como se <as metades do tempo> fossem extensões. Já se entendermos <a extensão> como constituída de ambas as partes, também a entenderemos no tempo correspondente a ambas as partes. [Já o que é indivisível, não em quantidade, mas em forma[115], entende-se num tempo indivisível e por algum <ato>[116] indivisível da alma.] São, no entanto, divisíveis por acidente <o ato que> entende e o tempo em que se entende; mas isso não em virtude de <os contínuos espacial e temporal>[117] serem divisíveis, mas em virtude de eles serem indivisíveis. Neles existe, pois, algo indivisível, embora sem dúvida não separado, que torna unos o tempo e a extensão. E isso existe, igualmente, em tudo o que é contínuo em tempo e em extensão. Já o que é indivisível, não em quantidade[118] mas em espécie[119], entendemo-lo num tempo indivisível e mediante uma parte indivisível da alma.

O ponto, tal como toda divisão e o que é indivisível dessa maneira, mostram-se a nós da mesma maneira que a privação[120]. O raciocínio aplica-se, do mesmo modo, aos outros casos. Por exemplo, aplica-se ao modo como conhecemos o mau ou o negro, pois os conhecemos, de algum modo, pelo seu contrário. O que conhece tem de ser em potência <ambos os contrários> e †<um deles> tem de existir em si†. Assim, se a alguma †das causas† falta o contrário, ela conhece a si mesma, é uma atividade e separável.

Ora, a afirmação[121] diz algo sobre alguma coisa[122], como a negação, e toda ela é verdadeira ou falsa. Nem todo enten-

---

[115] Εἶδος (Tomás Calvo, p. 236; Tricot, p. 187).

[116] Sigo a interpretação de Tomás Calvo (p. 236).

[117] Sigo a interpretação de Tomás Calvo (p. 236).

[118] Ποσον.

[119] Εἶδος.

[120] Στέρησις. Sigo a interpretação de Tricot (p. 188) e Ross (p. 299).

[121] Φάσις.

[122] Isto é, tem sujeito e predicado (Ross, p. 300), ou afirma um atributo do sujeito (Tricot, p. 189).

dimento, porém, o é: o entendimento do que uma coisa é, de acordo com o que é ser, esse é verdadeiro, mas não diz algo sobre alguma coisa[123]; e, do mesmo modo que o ver †o sensível próprio†[124] é verdadeiro (já se a coisa branca é ou não um homem, isso não é sempre verdadeiro), assim acontece a todas as coisas sem matéria.

7. Faculdades da alma relacionadas com o pensamento. A faculdade que entende

431a A ciência[125] em atividade é a mesma coisa que o seu objeto[126]; já a ciência em potência é temporalmente anterior no indivíduo[127], embora em absoluto[128] nem temporalmente seja anterior: é, pois, a partir de algo que existe em ato que tudo se gera. O sensível é, manifestamente, o que faz passar a faculdade perceptiva da existência em potência para a atividade; esta, no entanto, não é afetada nem é alterada. Tal consiste, por isso, numa outra espécie[129] de movimento[130], pois o movimento é a atividade do que não alcançou o seu fim, enquanto a atividade em absoluto[131], a do que alcançou o seu fim, é diferente[132].

Percepcionar é, com efeito, semelhante ao simples dizer e entender. Já quando uma coisa é aprazível ou dolorosa, por assim dizer, <a faculdade perceptiva>, como se desse modo a

[123] Isto é, não indica nenhum atributo do sujeito.

[124] Nesse exemplo, a visão do objeto branco.

[125] ’Επιστήμη.

[126] Πρᾶγμα.

[127] ’Εν τῷ ἑνί.

[128] Isto é, no que diz respeito à humanidade no seu todo (Ross, *comm. ad loc.*), ou ao universo no seu todo (Tomás Calvo, p. 238).

[129] Εἶδος.

[130] Κίνησις. Deve ser entendido, nesse contexto, como sinônimo de μεταβολή (mudança). Ver Tricot, p. 190, n. 3; e Ross, *comm. ad loc.*

[131] ‘Απλῶς.

[132] Com Tomás Calvo, p. 238.

afirmasse ou negasse, persegue-a ou a evita. Além disso, sentir prazer e sentir dor é o ativar do meio perceptivo[133] em relação ao que é bom ou ao que é mau, enquanto tais. Assim, a fuga e o desejo em atividade são a mesma coisa, e a faculdade que deseja e a faculdade que evita não são diferentes, nem entre si nem da faculdade perceptiva; o seu ser[134], no entanto, é distinto. Para a alma discursiva, as imagens servem[135] como as sensações[136]. E, quando ela afirma ou nega que uma coisa <imaginada> é boa ou má, evita-a ou a persegue. Por isso é que a alma nunca entende sem uma imagem.

Como o ar torna a pupila[137] de uma determinada qualidade, e esta, por sua vez, age sobre outra coisa, o mesmo ocorre, pois, no caso do ouvido, sendo porém o órgão último um único[138], e um único o meio, embora o ser, para ele, seja múltiplo. [...] Mediante o quê[139] <a alma> discrimina em que diferem o doce e o quente, isso já foi dito anteriormente[140] e devemos dizê-lo também agora[141]. Isso é, pois, uma única coisa[142] no sentido em que o limite o é, e estas duas qualidades, constituindo uma única coisa por analogia e em número, relacionam-se entre si como aquelas <qualidades>[143] se relacionam entre elas. Pois em que difere perguntar como se discriminam as coisas não homogêneas de perguntar como se discriminam coisas contrárias, como o branco e o pre-

---

133 Αἰσθητική (ver αἰσθητικός) μεσότης.

134 Τὸ εἶναι. Quer dizer, desejar, evitar e percepcionar são coisas diferentes.

135 Isto é, funcionam, são úteis do mesmo modo que as sensações.

136 Αἰσθήματα (τά).

137 Lit., "o ar torna a pupila de certa natureza".

138 Sigo Ross, *comm. ad loc.*, p. 305.

139 Ou seja, aquilo pelo qual a alma discrimina o doce e o quente é o sentido comum.

140 Ver III.2, 426a12-23.

141 Sigo a interpretação de Tricot (p. 192, n. 3).

142 Trata-se de uma única faculdade (Tomás Calvo, p. 239). Ver ainda Ross, *comm. ad loc.*

143 Isto é, o amargo e o frio, seus contrários (Ross, *comm. ad loc.*).

to? Ora, como A, o branco, é para B, o preto, seja C para D. [Por consequência, também assim é se comutarmos os termos[144].] Então, se C e A pertencerem a uma mesma coisa[145], assim serão, como também D e B, uma e a mesma coisa. O seu ser, no entanto, não será o mesmo[146]. E assim ocorre,
431b também, no caso daqueles[147]. O raciocínio seria o mesmo se A fosse o doce e B fosse o branco.

Quanto à faculdade que entende, ela entende as formas[148] nas imagens[149]. E, como são definidos pela faculdade, nos sensíveis[150], aquilo que devemos evitar e aquilo que devemos perseguir, também na ausência de sensação, quando se volta para as imagens[151], ela se move. Por exemplo, ao percepcionarmos a tocha como fogo, e ao vermos que se move, reconhecemos, pelo sentido comum[152], que se trata de um inimigo. Já outras vezes é pelas imagens e pensados que estão na alma, como se estivéssemos a vê-los, que raciocinamos e deliberamos a respeito do que há de vir, com base nos fatos presentes. E, quando <a faculdade que entende> diz que ali está algo aprazível ou doloroso, partindo disso o evita ou o persegue – e se fará, de maneira geral, uma única coisa. Então, o que existe sem a ação, o verdadeiro e o falso, pertence ao mesmo gênero que o bom e o mau. Eles diferem, no entanto, pelo fato de o verdadeiro e o falso serem absolutos, enquanto o bom e o mau o são para alguém. Ora, as chamadas "abstrações", entende-as como entende o adun-

144 Quer dizer, A está para C como B para D.

145 Ou seja, se forem atributos de um mesmo sujeito.

146 Isto é, ser para D não é o mesmo que ser para B; serão essencialmente diferentes.

147 Quer dizer, de C e A.

148 Εἴδη, ver εἶδος.

149 Φαντάσματα (τά). Isto é, nos objetos da imaginação.

150 Ἐν ἐκείνοις. É difícil (e polêmico) identificar a realidade a que o pronome se refere. Seguimos a proposta de Tricot (p. 194, n. 2).

151 Sigo a interpretação de Tomás Calvo (p. 240).

152 Pois o movimento é um sensível comum.

co. Enquanto adunco, não o entende separadamente; já se o entende enquanto concavidade em atividade, entende-o sem a carne em que a concavidade se dá. <Entendem-se> desse modo os objetos matemáticos: não sendo separáveis <da matéria>, quando os entende, entende-os, no entanto, como se o fossem. Assim, de forma geral, o entendimento em atividade identifica-se com os seus objetos. Se é possível ou não entender alguma coisa dentre as que existem separadas <da matéria>, quando o próprio entendimento não existe separado de uma grandeza, teremos de investigar posteriormente[153].

8. Faculdades da alma relacionadas com o pensamento. Entendimento, imaginação e sensação

Resumindo agora o que foi dito sobre a alma, afirmemos de novo que ela se identifica, de algum modo, com todos os entes. É que os entes são, com efeito, sensíveis ou entendíveis[154], a ciência identifica-se, de alguma maneira, com as coisas cientificamente cognoscíveis[155], e a percepção sensorial, por seu turno, identifica-se com as coisas sensíveis[156]. É preciso investigar, então, como é que isso é assim.

A ciência e a percepção sensorial dividem-se em conformidade com os seus objetos[157]: por um lado, a ciência e a

153 Não se conhece nenhum texto aristotélico que possa identificar-se com o escrito em causa.

154 Νοητά (τά), ver νοητόν. Refere-se aos seres enquanto objetos do entendimento.

155 ᾿Επιστητά (τά), ver ἐπιστητόν. Isto é, a ciência identifica-se com os seus objetos.

156 Quer dizer, a percepção sensorial, como o conhecimento, identifica-se com os seus objetos.

157 Τέμνεται... εἰς...: expressão problemática (ver Ross, *comm. ad loc.*; e Tricot, p. 196, n. 3). O conhecimento e a sensação dividem-se em correspondência (Ross, p. 308) ou da mesma maneira (Tricot, p. 196) que os seus objetos.

percepção sensorial em potência, em conformidade com os seus objetos em potência; por outro, a ciência e a percepção sensorial em ato, em conformidade com os seus objetos em ato. A faculdade perceptiva e a faculdade científica[158] da alma são, em potência, os seus objetos, isto é: a última, o cientificamente cognoscível; a primeira, o sensível. É necessário, então, que tais faculdades sejam os próprios objetos ou as formas <dos objetos>[159]. Ora, os próprios objetos elas não podem ser, pois não é a pedra que existe na alma, mas sim a sua forma. A alma comporta-se, dessa maneira, como a mão: a mão é um instrumento dos instrumentos[160], o entendimento é a forma[161] das formas e o sentido é a forma dos sensíveis. Mas como, ao que parece, nenhuma coisa existe separadamente e para além das grandezas sensíveis, é nas formas sensíveis que os objetos entendíveis existem. Estes são as designadas "abstrações"[162] e todos os estados[163] e afecções dos sensíveis. Mais, por isso, se nada percepcionássemos, nada poderíamos aprender nem compreender. Além disso, quando se considera[164], considera-se necessariamente, ao mesmo tempo, alguma imagem. As imagens são, pois, como sensações[165], só que sem matéria. Já a imaginação é algo diferente da afirmação e da negação[166], pois o verdadeiro e o falso são uma combinação[167] de pensados. Mas, en-

158 Ἐπιστημονικόν (τό), a parte da alma dotada da capacidade ou do poder de conhecer cientificamente (ἐπίστασθαι).

159 Εἴδη, ver εἶδος.

160 Isto é, a mão é um instrumento que serve para usar os outros instrumentos (Tricot, p. 197, n. 1, e Ross, *comm. ad loc.*).

161 Εἶδος.

162 Isto é, em abstração.

163 Ἕξεις, ver ἕξις.

164 Θεωρεῖν.

165 Αἰσθήματα (τά), ver αἴσθημα.

166 Φάσις e ἀπόφασις.

167 Συμπλοκή. E não um pensamento apenas, correspondendo a uma única imagem (Ross, *comm. ad loc.*).

tão, em que é que os primeiros pensados[168] diferirão das imagens?[169] Talvez nem os outros <pensados>[170] sejam imagens, embora não se deem sem imagens.

9. O movimento dos seres animados. Parte da alma que move

A alma dos animais foi definida por duas faculdades: pela faculdade capaz de discriminar[171], que é uma atividade do pensamento discursivo e da sensibilidade, e ainda por imprimir o movimento de deslocação. Assim, acerca da sensibilidade e do entendimento, definiu-se o bastante. Já a respeito do que move, cumpre investigar que coisa pertencente à alma é que o faz: se é uma única parte, separável da alma em grandeza ou em definição[172], ou a alma no seu todo. Ora, se for alguma parte <da alma>, temos de estudar se é algo específico, distinto das coisas que habitualmente se dizem e do que já referimos, ou se é uma destas[173]. Suscita logo uma dificuldade em que sentido se deve falar de partes da alma e quantas são. Elas parecem existir, de alguma maneira, em número infinito, e não apenas as que alguns mencionam distinguindo a parte que raciocina[174], a impulsiva[175],

---

168 Πρῶτα νοήματα, ver νόημα. Expressão sujeita a diversas interpretações. Pode designar os pensamentos menos abstratos (Ross, *comm. ad loc.*), os pensamentos simples (ἁπλᾶ), indivisíveis (ἀδιαίρετα) e não compostos (ἀσύνθετα) (Tricot, p. 198, n. 2).

169 Φαντάσματα (τά), ver φαντασμα.

170 Isto é, os pensamentos que não são compostos (Tricot, p. 198, n. 2).

171 Κριτικόν (τό), a parte da alma dotada da capacidade ou do poder de discrimir ou julgar (κρίνειν).

172 Μέγεθος (grandeza) e λόγος (definição). A passagem sofre diversas interpretações (ver "soit réellement, soit par la pensée", Tricot, p. 199, n. 1; "either in local position or in definition, i. e., in function", Ross, p. 312).

173 Ou seja, uma das coisas que habitualmente se diz terem esse papel.

174 Λογιστικόν (τό), a parte da alma dotada da capacidade ou do poder de raciocinar.

175 Θυμικόν (τό), a parte da alma dotada da capacidade ou do poder de sentir impulsos/impulsionar.

a apetitiva, ou, de acordo com outros, a parte racional e a irracional[176]. É que, segundo as diferenças pelas quais as dividem, parecem existir ainda outras partes, mais distantes entre si do que estas. São, com efeito, aquelas de que acabamos de falar: a parte nutritiva[177], que pertence às plantas e a todos os animais; a parte perceptiva[178], que não se pode classificar facilmente como sendo nem irracional nem racional. 432b Além disso, existe a parte imaginativa[179]. Esta, diferente das outras em ser, suscita a enorme dificuldade de saber com qual delas se identifica, ou de qual é diferente. Isso, se se partir do princípio de que existem partes da alma separadas. Acrescente-se a parte desiderativa, que, em definição[180] e pela sua capacidade, poderá parecer diferente de todas as outras. Mais, seria absurdo separá-la, dado na parte racional[181] se gerar a vontade, na irracional o apetite e o impulso. E, se a alma tiver três partes, o desejo figurará em cada uma delas.

Retomando agora o estudo que temos em mãos, o que move o animal de lugar? Os movimentos de crescimento e envelhecimento, pertencendo a todos os seres vivos, parecem dever-se a algo que existe em todos, a faculdade reprodutiva[182] e nutritiva. No que toca à inspiração e à expiração, ao adormecer e ao acordar, temos de os estudar mais tarde, por suscitarem grande dificuldade. Já a respeito do movimento espacial, cumpre estudar o que imprime ao animal o movimento de marcha. Que, de fato, não é a faculdade nutritiva é evidente: esse movimento, com efeito, dá-se sempre tendo em vista um fim, ocorrendo quer juntamente com

[176] Λόγον/ ἄλογον.

[177] Θρεπτικόν (τὸ). Ver II.4.

[178] Αἰσθητικόν (τὸ). Ver II.5-III.2.

[179] Θανταστικόν (τὸ), a parte da alma dotada da capacidade ou do poder de imaginar. Ver III.3, 427a14-429a9.

[180] Λόγος.

[181] Λογιστικόν (τὸ).

[182] Γεννητικόν (τό), a parte da alma dotada da capacidade ou do poder de reprodução.

a imaginação, quer com o desejo. É que nada se move a não ser por desejar ou evitar algo, sem ser pela força. Além disso, as plantas seriam capazes de mover-se e teriam alguma parte orgânica para tal movimento. Também não é, pelos mesmos motivos, a faculdade perceptiva, já que muitos dos animais que possuem sensibilidade permanecem fixos e imóveis[183] durante toda a vida. Ora, a natureza nada produz em vão, nem negligencia nenhuma das coisas necessárias (constituem exceção os seres mutilados[184] ou os imperfeitos[185]). Ora, os animais a que aludo são perfeitos e não mutilados (indica-o o fato de se reproduzirem, atingirem a maturidade e envelhecerem). Se assim é, aqueles animais teriam, por consequência, as partes orgânicas da marcha. O que move também não é, contudo, a faculdade de raciocinar, isto é, o chamado "entendimento". O entendimento teorético, com efeito, não tem em vista o que se deve fazer[186]. Ele nada diz a respeito do que se deve evitar e desejar, quando o movimento é sempre daquele que evita ou persegue alguma coisa; nem sequer quando <o entendimento> tem em vista algo desse tipo ordena logo evitá-lo ou persegui-lo. Por exemplo, muitas vezes o entendimento discorre algo temível ou aprazível, mas não ordena que se tenha medo; é apenas o coração que se move, ou, se for algo aprazível, outra parte. Além disso, até quando o entendimento manda e 433a
o pensamento discursivo diz para evitarmos algo ou o perseguirmos, não nos movemos <em conformidade>. Agimos, antes, de acordo com o apetite, como um homem que não se controla[187]. E, de forma geral, verificamos que quem domina a medicina não a pratica sempre, de forma

[183] Μόνιμα (τά), os animais que não se movem.

[184] Πηρώματα (τά). Isso ocorre por doença ou por acidente (Ross, *comm. ad loc.*).

[185] Ἀτελής, ver ἀτελεῖς. Trata-se dos animais que não se desenvolveram completamente; ver III.1, 425a10-11 (Ross, *comm. ad loc.*).

[186] Πρακτόν.

[187] Ἀκρατής. Isto é, que não se controla.

que o que determina a ação conforme à ciência[188] é outra coisa que não a ciência. Nem é o desejo o determinante desse movimento; é que os homens que não sofrem de imoderação, embora sintam desejos e apetites, não fazem aquilo de que possuem desejo – eles obedecem, antes, ao entendimento.

10. Movimento dos seres animados. Desejo e entendimento

Aparentam imprimir movimento, de qualquer modo, estas duas coisas, o desejo e o entendimento, desde que se tenha a imaginação por um tipo de pensamento. É que muitos obedecem, à margem da ciência, às imaginações. Mais, nos outros animais não existe pensamento nem raciocínio[189], mas sim imaginação. Ambos, com efeito – isto é, o entendimento e o desejo –, são capazes de mover espacialmente. Mas o entendimento <que o faz> é o prático[190], o que raciocina em vista de uma coisa. Este difere do teorético[191] em finalidade. Quanto ao desejo, todo ele existe, também, em vista de alguma coisa; o objeto do desejo é, pois, o princípio[192] do entendimento prático[193], enquanto o termo final <do raciocínio> é, então, o princípio da ação. De forma que essas duas coisas parecem ser, com boa razão, as que movem: o desejo e o pensamento discursivo prático. Com efeito, o objeto do desejo é que move, e o pensamento discursivo move, porque o seu[194] princípio é o objeto do desejo. E a imaginação, quando move, não move sem o desejo.

---

188 ’Επιστήμη.

189 Λογισμός.

190 Νοῦς πρακτικός.

191 Νοῦς θεωρητικός.

192 ’Αρχή. Trata-se do ponto de partida.

193 Νοῦς πρακτικός.

194 Isto é, o princípio do pensamento.

Existe apenas uma coisa, então, que move: a faculdade desiderativa[195]. E, se duas coisas movessem – o entendimento e o desejo –, moveriam devido a algum aspecto[196] comum. Agora o entendimento não parece mover sem o desejo, pois a vontade é um desejo, e, quando nos movemos de acordo com o raciocínio[197], movemo-nos também de acordo com uma vontade. O desejo, por seu turno, move também à margem do raciocínio[198], pois o apetite é um tipo de desejo. O entendimento, com efeito, está sempre correto; já o desejo e a imaginação podem estar corretos ou incorretos. Por isso, é sempre o objeto do desejo que move. Este[199], por sua vez, é ou o que é bom, ou o que aparenta sê-lo. É que nem tudo é bom, apenas o realizável através da ação[200]; o realizável através da ação, por seu turno, é o que pode também ser de outra maneira[201].

Que é aquela faculdade da alma, a que chamamos "de- 433b
sejo", que move, isso é evidente. No que diz respeito aos que dividem a alma em partes, se dividem e separam segundo as capacidades, haverá muitas partes: a nutritiva, a perceptiva, a que entende, a deliberativa[202] e ainda a desiderativa. Essas <partes> diferem mais umas das outras do que as partes apetitiva e impulsiva[203] diferem entre si. Ora, uma vez que se dão desejos contrários uns aos outros e isso acontece quando o raciocínio e os apetites são contrários, sucedendo nos seres que possuem a percepção do tempo (o entendimento, de fato, ordena-nos que resistamos, por causa do que se se-

---

[195] ’Ορεκτικόν (τό). Sigo a interpretação de Tricot (p. 204).

[196] Εἶδος.

[197] Λογισμός.

[198] Λογισμός.

[199] ’Ορεκτόν (τό). Isto é, o objeto do desejo.

[200] Πρακτόν (τό). Sigo Tomás Calvo (p. 247).

[201] Quer dizer, o contingente (τὸ ἐνδεχόμενον).

[202] Βουλευτικόν (τό), a parte da alma dotada da capacidade ou do poder de ter ou sentir vontades (βούλεσθαι).

[203] ’Επιθυμητικόν (τό) e θυμικόν (τό).

guirá, quando o apetite ordena que o persigamos, por causa do imediato: o prazer imediato afigura-se a nós absolutamente aprazível e absolutamente bom, por não vermos o que se seguirá), o que move será um em espécie, a faculdade desiderativa enquanto desiderativa, embora o primeiro de todos seja o objeto do desejo. É que este move sem se mover, ao ser entendido e ao ser imaginado. Em número, porém, são várias as coisas que movem.

Existem, então, três coisas[204]: uma, o que move; a segunda, aquilo com que move; e ainda uma terceira, o que é movido. Por seu turno, o que move é duplo: existe, assim, o que não se move e o que move e é movido. O que não se move é o bem realizável através da ação; já o que move e é movido é a faculdade desiderativa. É que o que é movido, é movido em virtude de desejar, e o desejo em atividade é um tipo de movimento. O que é movido, por sua vez, é o animal. No que diz respeito ao órgão mediante o qual o desejo move, ele é já corpóreo, pelo que devemos ter em vista esse tema por ocasião do estudo das funções comuns ao corpo e à alma[205].

Agora, numa palavra: o que move de forma orgânica[206] é aquilo em que o princípio e o fim são o mesmo, como, por exemplo, numa articulação. Nesse caso, o convexo e o côncavo são um o fim, o outro o princípio <do movimento> – por isso, um está em repouso e o outro se move, sendo coisas diferentes em definição[207], mas inseparáveis em grandeza. Tudo se move, pois, por impulsão ou por tração. Por isso, como num círculo, é preciso que algo esteja em repouso e daí o movimento seja iniciado. De forma geral, como foi dito, o animal é capaz de mover a si mesmo em virtude de ser capaz de desejar. A faculdade desiderativa, por sua vez, não existe sem a imaginação; e toda a imaginação é racio-

---

[204] Isto é, o movimento implica três fatores.

[205] Ross entende que se trata do estudo feito em MA 698a14-b7, 702a21-b11.

[206] 'Οργανικῶς. Isto é, o que move mediante órgãos.

[207] Λόγος.

nal[208] ou perceptiva. Desta última, com efeito, os outros animais[209] também participam.

11. Movimento dos seres animados.
Implicação de outras faculdades

No que diz respeito aos animais imperfeitos[210] – isto é, 434a aqueles a que pertence apenas o sentido do tato –, temos de examinar o que é que os move[211], e ainda se podem ou não ter imaginação e igualmente apetite. Manifesta-se a nós que neles existem a dor e o prazer e, se existem estes, então existe também necessariamente apetite. A imaginação, contudo, de que modo poderá existir neles? Como se movem de forma não muito definida, talvez tenham também essas <faculdades>[212] de forma não muito definida. Ora, a imaginação capaz de percepcionar[213], como foi dito[214], existe também nos outros animais[215]; a imaginação que é capaz de deliberar[216], pelo contrário, pertence apenas aos animais racionais. Se se faz isto ou aquilo é já, com efeito, o trabalho de um raciocínio; e é forçoso que se use uma única medida, pois se pretende o que é mais vantajoso. <Os animais desse tipo> serão, assim, capazes de produzir uma única imagem[217] a partir de várias. O motivo pelo qual nos parece que <os animais inferiores> não possuem opinião é o seguinte:

208 Λογιστική, ver λογιστικός.

209 Isto é, os animais não racionais.

210 ’Ατελῆ. Estes são os animais cujas partes e funções não se desenvolveram completamente (Ross, *comm. ad loc.*), não os mutilados (τὰ πηρώματα).

211 Isto é, que elemento é que os move.

212 Ou seja, apetite (ἐπιθυμία) e imaginação (φαντασία).

213 Φαντασία αἰσθητική.

214 Ver II.10, 433b29-30.

215 Isto é, nos animais irracionais.

216 Φαντασία βουλευτική.

217 Φάντασμα.

não possuem a <opinião>[218] que deriva do raciocínio[219]. O desejo não envolve, por isso, a faculdade capaz de deliberar. Umas vezes, e pelo contrário, o desejo sobrepõe-se e move <a faculdade de deliberar>; outras vezes, aquela se sobrepõe ao desejo e o move, tal como uma esfera se sobrepõe e move outra, e tal como um desejo outro desejo, quando não ocorre moderação. E é sempre, por natureza, o desejo mais elevado que tem supremacia e move. Desse modo, mover-se[220] implica já três tipos de movimento.

A faculdade científica, por seu turno, não se move, antes repousa. Existem, então, uma suposição e um enunciado[221] respeitantes ao universal, e existe uma suposição respeitante ao particular. A primeira diz que certo tipo de <homem> tem de praticar um ato de certa natureza; o segundo, que este é um ato daquela natureza e que eu sou um homem daquele tipo. É esta última opinião a que move, e não a respeitante ao universal. Ou talvez ambas movam, mas a primeira permanecendo, preferencialmente, em repouso, e a segunda não.

12. A faculdade nutritiva e a sensibilidade. Necessidade da nutrição e da sensibilidade

Todo ente que vive e que possui alma tem de dispor, necessariamente, de alma nutritiva, desde que é gerado até

---

[218] O texto apresenta, como complemento direto da forma verbal que significa "possuir", o artigo feminino. Este pode, gramaticalmente, referir-se ao substantivo δόξα ("opinião") ou ao substantivo φαντασία ("imaginação"). Sigo a interpretação de Tomás Calvo (p. 249) e Ross (p. 318) – que difere da de Tricot (p. 209) –, entendendo que o referente em causa é δόξα (opção sintaticamente mais verossímil). Assim, os animais em causa poderão ter imaginação sem ter opinião.

[219] Συλλογισμός. Os códices apresentam αὕτη δὲ ἐκείνην; suprimo com Ross.

[220] Τρεῖς θορᾶς. Sigo Tomás Calvo (p. 250). Ver ainda Ross (p. 318) e Tricot (p. 209, n. 4).

[221] Λόγος (Tomás Calvo, p. 250).

perecer. É necessário, pois, que o ente gerado disponha de crescimento, maturidade e envelhecimento. Ora, sem a alimentação, é impossível que estes sucedam; é forçoso, por isso, que a faculdade nutritiva exista em todos os seres que são gerados e envelhecem. A sensibilidade, porém, não tem de existir necessariamente em todos os seres vivos. Não <a possuem>, com efeito, os seres de corpo simples, que não podem possuir tato [e, sem este, nenhum animal pode existir]. Também não <a possuem> os seres que não são capazes de receber as formas[222] sem a matéria. O animal, é já forçoso que possua sensibilidade, se a natureza nada faz em vão. Na natureza, de fato, todos os seres existem com uma finalidade, ou então serão acontecimentos vinculados a entes[223] que existem com uma finalidade. Assim, todo corpo capaz de se deslocar[224], se não possuísse sensibilidade, pereceria e não alcançaria o seu fim – e este é obra da natureza. Além disso, como seria, nesse caso, alimentado? Os seres que não se movem alimentam-se daquilo a partir do qual se desenvolveram. Ora, não é possível que um corpo que não possui sensibilidade tenha alma e ainda o entendimento capaz de discriminar, e isso não sendo imóvel e tendo sido gerado (não, porém, no caso de não ter sido gerado). Mais, por que é que não haveria de ter sensibilidade? Só se isso fosse melhor para a alma ou para o corpo; mas não é melhor, nas presentes circunstâncias, para nenhum dos dois. A alma, na realidade, não entenderia melhor, e o corpo não existiria melhor por aquele motivo[225]. Assim, nenhum corpo não imóvel possui alma sem possuir sensibilidade.

Se, com efeito, possui sensibilidade, o corpo tem de ser necessariamente simples ou composto[226]. Não é possível, no entanto, que seja simples; é que, nesse caso, não possuiria

---

[222] Εἴδη, ver Εἶδος.

[223] Sigo Tomás Calvo, p. 251.

[224] Πορευτικόν.

[225] Isto é, por não ter sensibilidade.

[226] Μικτός.

tato, quando é necessário que o possua. Tal decorre claramente do seguinte: uma vez que o animal é um corpo animado e que todo o corpo é tangível – sendo tangível o que é sensível pelo tato –, o corpo do animal tem de ser dotado, necessariamente, de sensibilidade tátil, se se tem em vista que o animal sobreviva. Os outros sentidos percepcionam por meio de outras coisas[227], particularmente o olfato, a visão e a audição. Ora, um ente que não possua sensibilidade, ao entrar em contato com os objetos não será capaz de evitar umas coisas e acolher outras. E, se assim é, será impossível que o animal sobreviva. O paladar é, por isso, como um tipo de tato: é o sentido do alimento, sendo o alimento o corpo tangível. O som, a cor e o cheiro, ao invés, não alimentam, não produzem crescimento nem envelhecimento. É necessário, por consequência, que o paladar seja um tipo de tato – isso porque ele é o sentido do tangível e do nutritivo. Ambos os sentidos são, de fato, necessários ao animal, que não pode, evidentemente, existir sem tato. Já os seus outros sentidos existem para o bem-estar. Estes, então, não têm de existir em nenhuma espécie de animais, mas apenas em alguns: por exemplo, na espécie de animais que se deslocam[228]. Se, de fato, se tem em vista que o animal sobreviva, ele tem de percepcionar não só quando toca, mas também, necessariamente, a distância. Tal ocorrerá se o animal for capaz de percepcionar mediante um intermediário. Esse intermediário, assim, é afetado e movido pelo sensível, e o próprio animal pelo intermediário. Acontece, então, como <no movimento de deslocação>: aquilo que move de lugar produz uma mudança até um dado ponto, e aquilo que sofreu o impulso torna outro capaz de impulsionar. O movimento dá-se, assim, mediante um intermediário: o primeiro, movendo-se, transmitiu um impulso sem ter sofrido impulsão; já o último, por seu turno, apenas é impulsiona-

---

[227] Quer dizer, por intermediários que não são os próprios órgãos sensoriais.

[228] Πορευτικόν.

do, não impulsionando. O meio, porém, fez ambas as coisas, 435a
existindo muitos meios. O mesmo sucede no caso da alteração, com a exceção de que, ao ser alterado, o ser permanece no mesmo lugar. Por exemplo, se se pressionar um objeto na cera, a cera é movida até onde se pressionou o objeto; uma pedra, por sua vez, não se moveria de todo, enquanto a água seria movida até uma profundidade maior. Já o ar é o que mais se move, age e é afetado, se permanecer e se se mantiver compacto. Por isso, no que diz respeito ao reflexo[229] <da luz>, melhor do que <imaginar> que <a visão>, tendo saído do olho, é refletida, é considerar que o ar é afetado pela figura[230] e pela cor, enquanto este se mantém compacto. Numa superfície lisa, o ar mantém-se, com efeito, compacto, e por isso ele move novamente a vista, como se uma marca penetrasse a cera até ao extremo oposto.

13. A faculdade nutritiva e a sensibilidade. Necessidade do tato; finalidade dos sentidos

Que não é possível que o corpo do animal seja simples, isso é evidente. Quer dizer, não é possível que seja feito, por exemplo, de fogo ou de ar. É que, sem o tato, o animal não pode ter nenhum outro sentido, pois todo corpo animado possui a capacidade de tocar, como foi dito[231]. Os outros <elementos>, por seu turno, com a exceção da terra, poderão constituir órgãos sensoriais. Todos estes, no entanto, produzem a sensação ao percepcionarem por meio de outra coisa, ou seja, por meio de intermediários. O tato, por sua vez, dá-se ao serem tocados os próprios objetos, motivo pelo qual possui tal designação. Embora os outros órgãos sensoriais também percepcionem por contato, percepcionam, no entanto, por meio de outra coisa. O tato, então, é o

[229] ʼΑνάκλασις. Trata-se do reflexo da luz.

[230] Σχῆμα.

[231] Ver III.12, 434b10-24.

único que parece percepcionar por meio de si mesmo[232]. Daqui decorre que, daqueles elementos, nenhum poderia constituir o corpo do animal; nem o corpo, na verdade, pode ser feito apenas de terra, pois o tato é como um meio de todos os tangíveis e o seu órgão sensorial é capaz de receber não apenas quantas diferenças da terra existem, mas também o quente e o frio e todos os outros tangíveis. E por isso não percepcionamos, de fato, com os ossos, os cabelos e outras

435b partes do mesmo tipo, isto é, por serem feitas de terra. Quanto às plantas, estas não possuem nenhum sentido por isso, por serem feitas de terra. Para mais, sem o tato não pode haver nenhum outro sentido, e o seu órgão sensorial não é feito <apenas> de terra nem de nenhum outro dos elementos.

É evidente, portanto, que esse é necessariamente o único sentido de cuja privação resulta que os animais pereçam. É que, na verdade, nada que não seja um animal pode possuí-lo, e, para ser um animal, não é necessário que possua nenhum sentido além desse. Também é por isso que os outros sensíveis[233] – como a cor, o som e o cheiro – não destroem, com os seus excessos, o animal, mas apenas os órgãos sensoriais <correspondentes>. O contrário não se daria a não ser por acidente, como, por exemplo, se um impulso ou um golpe sucedem simultaneamente com um som, ou se pelos objetos visíveis[234] e pelo cheiro são movidas outras coisas que destroem por contato. Quanto ao sabor, é em virtude de ser simultaneamente tátil[235] que ele pode destruir <o animal>. Já o excesso dos tangíveis – por exemplo, o quente, o frio e o duro – destrói o animal. Ora, o excesso de todo sensível, com efeito, destrói o órgão sensorial <correspondente>; por consequência, o excesso do tangível destrói o tato, pelo qual se define o animal, uma vez que sem o tato se provou ser impossível que o animal exista. Por isso,

[232] Isto é, percepciona diretamente.

[233] Αἰσθητά (τά), ver αἰσθητόν. Isto é, os objetos dos outros sentidos.

[234] Ὁράματα (τά).

[235] Ἁπτικόν, ver ἁπτικός.

o excesso dos tangíveis não destrói apenas o órgão sensorial, mas também o animal, pois é só o tato que o animal tem forçosamente de possuir. Ora, o animal possui os outros sentidos, como disse[236], não para existir, mas para o seu bem-estar. Por exemplo, uma vez que vive no ar e na água e, de um modo geral, no transparente, o animal dispõe de visão para ver. Ele dispõe, por sua vez, de paladar, por causa do que é aprazível[237] e do que é doloroso[238], para o percepcionar no alimento, o desejar e mover-se. O animal dispõe, ainda, de audição, para que lhe seja comunicado algo, [e de língua, para comunicar algo a outro].

236 Ver III.12, 434b24-25.

237 Ἡδύς.

238 Λυπαρός.

GLOSSÁRIO

ἄγνοια – ignorância

ἀδιαίρετος – indivisível; opõe-se a διαιρετός

ἀεί (εἶναι) – eterno, que existe sempre

ἀήρ – ar

ἀθάνατος – imortal

αἰσθάνεσθαι – percepcionar (percepcionar com os sentidos, sentir)

αἰσθανόμενον (τό) – aquele que percepciona (o sujeito perceptivo, o ente dotado de sensibilidade)

αἴσθημα – sensação (o objeto da percepção sensorial)

αἴσθησις – sensação, percepção (sensorial); sensibilidade (ver Mesquita, 515-517); sentido (composto pelo órgão e pela faculdade)

αἰσθητήριον – órgão sensorial

αἰσθητικόν (τό) – faculdade perceptiva (de αἰσθητικός; ver αἰσθάνεσθαι)

αἰσθητικός – perceptivo, capaz de percepcionar

αἰσθητόν (τό) – o sensível, o percepto (o objeto da percepção sensorial; de αἰσθητός)

αἰσθητός – sensível, perceptível (pelos sentidos)

αἰτία, pl. αἰτίαι – causa, motivo

ἀκμή – maturidade, auge

ἀκοή – (sentido da) audição, ato de ouvir, ouvido

ἄκουσις – audição

ἀκουστόν (τό) – o audível (aquilo que pode ser ouvido, o objeto da audição; de ἀκουστός)

ἀληθής – verdadeiro

ἀλλοιοῦν – alterar(-se)

ἀλλοίωσις – alteração

ἀμερής – indivisível, que não tem partes; opõe-se a μεριστός

ἀμιγής – sem mistura

ἀνάμνησις – reminiscência

ἀνάπτον (τό) – o intangível (aquilo que não se pode tocar); opõe-se a ἁπτόν

ἀνήκουστον (τό) – o inaudível (aquilo que não se pode ouvir; de ἀνήκουστον); opõe-se a ἀκουστόν

ἀνήκουστος – inaudível

ἀνομοιομερῆς – que possui partes diferentes

ἀντικείμενον (τό) – oposto

ἀόρατον (τό) – o invisível (aquilo que não pode ser visto); opõe-se a ὁρατόν

ἀόρατος – invisível

ἀόριστος – indefinido

ἀπαθής – impassível, que não é afetado (ver πάθος)

ἁπλοῦν σῶμα – corpo simples (designa um dos quatro elementos)

ἀπόδειξις – demonstração

ἁπτικόν (τό) – o tátil, aquilo que é capaz de tocar

ἁπτικός – tátil (do tato, relativo ao tato), que é capaz de tocar

ἁπτόν (τό) – o tangível (aquilo que pode ser tocado, o objeto do tato)

ἁπτός – tangível

ἀριθμός – número

ἁρμονία – harmonia

ἀρχή – princípio

ἀσώματος – incorpóreo (ver σῶμα)

ἀτελῆ (τά) – animais "imperfeitos", isto é, não completamente desenvolvidos (de ἀτελής, incompleto, inacabado)

ἄτομον (τό) – átomo; o indivisível (de ἄτομος, indivisível)

αὔξη, αὔξησις – crescimento

ἁφή – tato

ἄψυχον – ente inanimado, que não possui alma (ver ἔμψυχον)

βαρύς – grave

βίᾳ– pela força; opõe-se a "por natureza" (Κατὰ θύσιν)

βούλεσθαι – ter ou sentir vontades (ver βούλησις)

βουλευτικόν (τό) – faculdade deliberativa (ver βούλεσθαι)

βούλησις – vontade

γεννητικόν (τό) – faculdade reprodutiva

γένος – gênero, raça

γεῦσις – (sentido do) paladar

γευστικόν (τό) – do paladar, relativo ao paladar

γευστόν (τό) – aquilo que pode ser saboreado (o objeto do paladar; de γευστός)

γιγνώσκειν – (re)conhecer

γλυκύς – doce

γνωριστικός – capaz de (re)conhecer

διανοεῖν – discorrer

διάνοια – pensamento discursivo

διάνοια πρακτική – pensamento discursivo prático

διαφανής – transparente

διαφορά – diferença, qualidade distintiva

δόξα – opinião

δοξάζειν – formar opiniões

δοξαστικόν (τό) – faculdade opinativa (ver δοξάζειν)

δύναμις – potência (opõe-se a ἐνέργεια); faculdade, poder, capacidade

εἴδη – ver εἶδος

εἶδος, pl. εἴδη – forma, espécie, forma específica, aspecto

εἶναι – ser, existir; εἶναι: o ser, a essência

εἷς, μία, ἕν – um, uno, compacto

ἕκαστος – cada um, todo

ἔμψυχον (τό) – ente animado, ente que possui alma (de ἔμψυχον); opõe-se a ἄψυχον

ἕν – um, o uno, a unidade (forma neutra de εἷς)

ἐναντίον (τό) – o contrário

ἐναντίωσις – contrário, par de contrários, contrariedade

ἐνέργεια – atividade; opõe-se a δύναμις
ἐνεργεῖν – passar à atividade, ao exercício
ἐνοποιοῦν (τό) – aquilo que unifica (de ἐνοποιεῖν)
ἐντελέχεια – ato, realização plena
ἕξις – estado (positivo)
ἐπιθυμεῖν – ter ou sentir apetites
ἐπιθυμητικόν (τό) – faculdade apetitiva (de ἐπιθυμητικός; ver ἐπιθυμεῖν)
ἐπιθυμητικός – apetitivo, que sente apetites
ἐπιθυμηία – apetite
ἐπίπεδον (τό) – superfície
ἐπίστασθαι – conhecer (cientificamente)
ἐπίστασις – paragem
ἐπιστήμη – ciência, saber
ἐπιστημονικόν (τό) – faculdade científica (ver ἐπίστασθαι)
ἐπιστήμων (τό) – sábio (aquele que é dotado de ἐπιστήμη)
ἐπιστητόν (τό) – o (objeto) cientificamente cognoscível
ἔργον – ação, função
ἕτερος – diferente, diverso, outro
ἑτέρου ἕνεκα – por causa de outra coisa
ἑτέρου χάριν – em vista de outra coisa
ζῆν – viver
ζῷον (τό) – animal, ente animado, ser vivo
ἠρεμεῖν – repousar
ἠρεμία – repouso
θεωρεῖν – ter em vista, considerar
θεωρητικόν (τό) – faculdade do conhecimento teorético (de θεωρητικός; ver θεωρεῖν)
θεωρητικός – teorético (capaz de ter em vista/considerar; ver θεωρεῖν)
θρεπτικόν (τό) – faculdade nutritiva
θυμικόν (τό) – faculdade impulsiva
θυμός – impulso
ἰδέα – ideia
ἴδιος – próprio de, exclusivo de
καθ' αὑτό, pl. καθ' αὑτά – por si mesmo, por si mesmos
καθ' ἕκαστον – em particular, relativo ao particular
καθ' ἕτερον – por meio de outra coisa
καθόλου – relativo ao universal
κατ' ἀλλοίωσιν – (movimento) por alteração
κατ' ἐνέργειαν – em atividade
κατὰ τόπον [κίνησις] – deslocação (espacial)
κατὰ φύσιν – por natureza
κινεῖν – mover, imprimir movimento
κινεῖσθαι – ser movido, mover-se
κίνησις – movimento
κινητικόν – motor, capaz de mover (ver κινεῖν)
κινητός – móbil (ver κινεῖν)
κρᾶσις – mistura
κρίνειν – discriminar, exercer juízo (julgar)
κριτικόν (τό) – faculdade de discriminar ou de julgar
κύριος – dominante, principal, fundamental, determinante
λογισμός – raciocínio
λογιστικόν (τό) – faculdade de raciocinar (ver λόγος)
λόγος, pl. λόγοι – definição; discurso racional; proporção; raciocínio
μέγεθος – grandeza
μεριστός – divisível; opõe-se a ἀμερής

μεταβάλλειν – mudar (produzir mudança), sofrer mudança
μεταβολή – mudança
μεταξύ (τό) – o intermediário, aquilo que está entre
μὴ κινούμενον αὐτό (τό) – aquilo que não se move a si mesmo
μὴ χωριστός – inseparável (ver χωριστός)
μία – uma, una (forma feminina de εἷς)
μικτός – composto
μονάς – unidade
μόνιμα (τά) – animais que não se movem (de μόνιμος, que não se move)
μορφή – forma, estrutura
νοεῖν – entender (captar, aperceber-se, compreender)
νόημα – o pensado (o objeto do pensamento; ver νόησις)
νόησις – pensamento
νοητικόν (τό) – faculdade que entende (ver νοεῖν e νοῦς)
νοητόν (τό) – o entendível (o objeto do νοῦς)
νοῦς – entendimento (captação, compreensão)
νοῦς θεωρητικός – entendimento teorético
νοῦς πρακτικός – entendimento prático
ξύσμα – partícula, poeira
ὄζειν – cheirar (exalar cheiro)
οἰκεῖος – próprio de
ὁμοειδής – da mesma espécie
ὁμοιομερῆς – que possui partes iguais
ὅμοιον (τό) – o semelhante (de ὅμοιος)
ὁμοιοῦν – tornar-se semelhante, assimilar-se
ὄν (τό) – ente, ser
ὀξύς – ácido, agudo
ὅρασις – visão, ato de ver
ὁρατόν (τό) – visível (o que pode ser visto, o objeto da visão)
ὀρεκτικόν (τό) – faculdade desiderativa (de ὀρεκτικός)
ὀρεκτικός – desiderativo
ὄρεξις – desejo
ὁρισμός – definição
ὀσμή – cheiro
ὀσφραίνεσθαι – cheirar (percepcionar o cheiro)
ὀσθραντόν (τό) – aquilo que pode ser cheirado (o objeto do cheiro/olfato)
ὄσφρησις – (sentido do) olfato, órgão olfativo
οὐσία – substância; essência (ocorrência assinalada em nota de rodapé); designa uma das categorias aristotélicas
ὄψις – (faculdade da) visão, vista
παθητικός – que pode ser afetado
πάθος – afecção; propriedade
πάσχειν – sofrer afecção, ser afetado; designa uma das categorias aristotélicas
περιέχον (τό) – meio envolvente
περιφορά – (movimento de) revolução
πηρώματα (τά) – animais mutilados (pl. de πήρωμα)
πικρός – amargo
πίστις – convicção
ποιεῖν – agir (sobre), produzir, fazer
ποιον – qualidade – lit., "qual", perguntando pela natureza de; designa uma das categorias aristotélicas
ποιοῦν (τό) – o agente, aquilo que age (de ποιεῖν)
πολυμερής – que possui diversas partes
ποσον – quantidade – lit., "quan-

to"; designa uma das categorias aristotélicas
που (ἐστι) – existir num lugar – lit., "onde"; designa uma das categorias aristotélicas
πρακτικός – prático
πρακτόν (τό) – o que é realizável
πρᾶξις – ação
προαίρεσις – escolha
προγενής – primordial; anterior
πρῶτος – primeiro, primitivo, primordial, primário
ῥυσμός – ver σχῆμα
στάσις – repouso
στέρησις – privação
στιγμή – ponto
στοιχεῖον – elemento (um dos quatro elementos)
συγενής – do mesmo gênero
συλλογισμός – silogismo (argumento dedutivo), raciocínio
συμβεβηκός (τό) – acidente, propriedade acidental, aquilo que acompanha, aquilo que acontece a
συμπέρασμα – conclusão
συμφυής – congenitamente unido a
σύμφυτος – congênito
συμφωνία – síntese harmoniosa
σύνεσις – compreensão
συνέχεια – continuidade
συνέχειν – unificar, tornar contínuo
συνεχής – contínuo
συνέχον (τό) – aquilo que unifica ou torna contínuo (ver συνέχειν)
σύνθεσις – combinação
σχῆμα – figura, forma
σῶμα – corpo; elemento (um dos quatro elementos)
τέλος – fim
τὸ τί ἐστι – o que uma coisa é; a essência
τόδε τι – este algo; designa o indivíduo
τροφή – alimento, nutrição
ὑγρός – úmido
ὕλη – matéria
ὑπ' ἑτέρου – pela ação de outro, por algo externo
ὑποκείμενον (τό) – sujeito (o que subjaz, o substrato)
ὑπόληψις – suposição
φαινόμενον (τό) – aquilo que aparece
φαντασία – o que nos aparece (sentido comum); imaginação (sentido técnico)
φαντασία αἰσθητική – imaginação perceptiva
φαντασία βουλευτική – imaginação deliberativa
φάντασμα – imagem
φανταστικόν (τό) – faculdade imaginativa
φθίσις – perecimento, envelhecimento
φθορά – destruição
φορά – deslocação, revolução
φρονεῖν – pensar
φρόνησις – sensatez, discernimento, prudência
χρῶμα – cor
χυμός – sabor
χωριστός – separável; opõe-se a μὴ χωριστός
ψοφεῖν – soar, emitir som
ψόφησις – ato de soar/emitir som
ψοφητικόν (τό) – sonoro, aquilo que é capaz de soar/emitir som
ψόφος – som
ψυχή – alma, princípio vital
ψυχικός – da alma, relativo à alma

Coleção Obras de Aristóteles

Projeto promovido e coordenado pelo Centro de Filosofia da Universidade de Lisboa em colaboração com os Centros de Filosofia e de Estudos Clássicos da Universidade de Lisboa, o Instituto David Lopes de Estudos Árabes e Islâmicos e os Centros de Linguagem, Interpretação e Filosofia e de Estudos Clássicos e Humanísticos da Universidade de Coimbra. Este projeto foi subsidiado pela Fundação para a Ciência e a Tecnologia.

COLABORADORES

I. Coordenador

António Pedro Mesquita (Centro de Filosofia da Universidade de Lisboa).

II. Pesquisadores

Abel do Nascimento Pena, Doutor em Filologia Clássica, professor auxiliar do Departamento de Estudos Clássicos da Faculdade de Letras da Universidade de Lisboa e pesquisador do Centro de Estudos Clássicos da Universidade de Lisboa.

Adriana Nogueira, Doutora em Filologia Clássica, professora auxiliar do Departamento de Letras Clássicas e Modernas da Faculdade de Ciências Humanas e Sociais da Universidade do Algarve e pesquisadora do Centro de Estudos Clássicos da Universidade de Lisboa.

Ana Alexandra Alves de Sousa, Doutora em Filologia Clássica, professora auxiliar do Departamento de Estudos Clássicos da Faculdade de Letras da Universidade de Lisboa e pesquisadora do Centro de Estudos Clássicos da Universidade de Lisboa.

Ana Maria Lóio, Doutora em Estudos Clássicos pela Universidade de Lisboa, Auxiliar do Departamento de Estudos Clássicos da Faculdade de Letras da Universidade de Lisboa.

António Campelo Amaral, Mestre em Filosofia, assistente do Departamento de Filosofia da Faculdade de Ciências Humanas da Universidade Católica Portuguesa.

António de Castro Caeiro, Doutor em Filosofia, professor auxiliar do Departamento de Filosofia da Faculdade de Ciências Sociais e

Humanas da Universidade Nova de Lisboa e pesquisador do Centro de Linguagem, Interpretação e Filosofia da Universidade de Coimbra.

António Manuel Martins, Doutor em Filosofia, professor catedrático do Instituto de Estudos Filosóficos da Faculdade de Letras da Universidade de Coimbra e diretor do Centro de Linguagem, Interpretação e Filosofia da Universidade de Coimbra.

António Manuel Rebelo, Doutor em Filologia Clássica, professor associado do Instituto de Estudos Clássicos da Faculdade de Letras da Universidade de Coimbra e pesquisador do Centro de Estudos Clássicos e Humanísticos da Universidade de Coimbra.

António Pedro Mesquita, Doutor em Filosofia, professor auxiliar do Departamento de Filosofia da Faculdade de Letras da Universidade de Lisboa e pesquisador do Centro de Filosofia da Universidade de Lisboa.

Carlos Silva, licenciado em Filosofia, professor associado convidado do Departamento de Filosofia da Faculdade de Ciências Humanas da Universidade Católica Portuguesa.

Carmen Soares, Doutora em Filologia Clássica, professora associada do Instituto de Estudos Clássicos da Faculdade de Letras da Universidade de Coimbra e pesquisadora do Centro de Estudos Clássicos e Humanísticos da Universidade de Coimbra.

Catarina Belo, Doutorada em Filosofia, professora auxiliar do Departamento de Filosofia da Escola de Humanidades e Ciências Sociais da Universidade Americana do Cairo.

Delfim Leão, Doutor em Filologia Clássica, professor catedrático do Instituto de Estudos Clássicos da Faculdade de Letras da Universidade de Coimbra e pesquisador do Centro de Estudos Clássicos e Humanísticos da Universidade de Coimbra.

Fernando Rey Puente, Doutorado em Filosofia, professor do Departamento de Filosofia da Faculdade de Filosofia e Ciências Humanas da Universidade Federal de Minas Gerais.

Francisco Amaral Chorão, Doutor em Filosofia, pesquisador do Centro de Filosofia da Universidade de Lisboa.

Hiteshkumar Parmar, licenciado em Estudos Clássicos pela Universidade de Lisboa, leitor na Universidade de Edimburgo.

José Pedro Serra, Doutor em Filologia Clássica, professor auxiliar do Departamento de Estudos Clássicos da Faculdade de Letras da Universidade de Lisboa e pesquisador do Centro de Estudos Clássicos da Universidade de Lisboa.

José Segurado e Campos, Doutor em Filologia Clássica, professor catedrático jubilado do Departamento de Estudos Clássicos da Faculdade de Letras da Universidade de Lisboa e pesquisador do Centro de Estudos Clássicos da Universidade de Lisboa.

José Veríssimo Teixeira da Mata, licenciado e Mestre em Direito, assessor da Câmara Federal de Brasília.

Manuel Alexandre Júnior, Doutor em Filologia Clássica, professor catedrático jubilado do Departamento de Estudos Clássicos da Faculdade de Letras da Universidade de Lisboa e pesquisador do Centro de Estudos Clássicos da Universidade de Lisboa.

Maria de Fátima Sousa e Silva, Doutora em Filologia Clássica, professora catedrática do Instituto de Estudos Clássicos da Faculdade de Letras da Universidade de Coimbra e pesquisadora do Centro de Estudos Clássicos e Humanísticos da Universidade de Coimbra.

Maria do Céu Fialho, Doutora em Filologia Clássica, professora catedrática do Instituto de Estudos Clássicos da Faculdade de Letras da Universidade de Coimbra e diretora do Centro de Estudos Clássicos e Humanísticos da Universidade de Coimbra.

Maria Helena Ureña Prieto, Doutora em Filosofia Clássica, professora catedrática jubilada do Departamento de Estudos Clássicos da Faculdade de Letras da Universidade de Lisboa.

Maria José Vaz Pinto, Doutora em Filosofia, professora auxiliar aposentada do Departamento de Filosofia da Faculdade de Ciências Sociais e Humanas da Universidade Nova de Lisboa e pesquisadora do Instituto de Filosofia da Linguagem da Universidade Nova de Lisboa.

Paulo Farmhouse Alberto, Doutor em Filologia Clássica, professor auxiliar do Departamento de Estudos Clássicos da Faculdade de Letras da Universidade de Lisboa e pesquisador do Centro de Estudos Clássicos da Universidade de Lisboa.

Pedro Falcão, Mestre em Estudos Clássicos pela Universidade de Lisboa.

Ricardo Santos, Doutor em Filosofia, pesquisador do Instituto de Filosofia da Linguagem da Universidade Nova de Lisboa.

Rodolfo Lopes, Mestre em Estudos Clássicos pela Universidade de Coimbra e pesquisador do Centro de Estudos Clássicos e Humanísticos da Universidade de Coimbra.

III. Consultores científicos

1. *Filosofia*

José Barata-Moura, professor catedrático do Departamento de Filosofia da Faculdade de Letras da Universidade de Lisboa.

2. *Filosofia Antiga*

José Gabriel Trindade Santos, professor catedrático aposentado do Departamento de Filosofia da Faculdade de Letras da Universidade de Lisboa e pesquisador do Centro de Filosofia da Universidade de Lisboa.

3. História e Sociedade Gregas

José Ribeiro Ferreira, professor catedrático do Instituto de Estudos Clássicos da Faculdade de Letras da Universidade de Coimbra e pesquisador do Centro de Estudos Clássicos e Humanísticos da Universidade de Coimbra.

4. Língua e Cultura Árabes

António Dias Farinha, professor catedrático do Departamento de História da Faculdade de Letras da Universidade de Lisboa e diretor do Instituto David Lopes de Estudos Árabes e Islâmicos.

5. Lógica

João Branquinho, professor catedrático do Departamento de Filosofia da Faculdade de Letras da Universidade de Lisboa e pesquisador do Centro de Filosofia da Universidade de Lisboa.

6. Biologia e História da Biologia

Carlos Almaça, professor catedrático jubilado do Departamento de Biologia da Faculdade de Ciências da Universidade de Lisboa.

7. Teoria Jurídico-Constitucional e Filosofia do Direito

José de Sousa e Brito, juiz jubilado do Tribunal Constitucional e professor convidado da Faculdade de Direito da Universidade Nova de Lisboa.

8. Aristotelismo Tardio

Mário Santiago de Carvalho, Doutor em Filosofia, professor catedrático do Instituto de Estudos Filosóficos da Faculdade de Letras da Universidade de Coimbra e pesquisador do Centro de Linguagem, Interpretação e Filosofia da Universidade de Coimbra.

Plano da edição

PARTE I: TRATADOS CONSERVADOS

Volume I: Lógica
Tomo 1
Introdução geral
Tomo 2
Categorias
Da interpretação
Tomo 3
Primeiros analíticos
Tomo 4
Segundos analíticos
Tomo 5
Tópicos
Tomo 6
Refutações sofísticas

Volume II: Física
Tomo 1
Física
Tomo 2
Sobre o céu
Tomo 3
Sobre a geração e a corrupção
Tomo 4
Meteorológicos

Volume III: Psicologia
Tomo 1
Sobre a alma
Tomo 2
Sobre a sensação (= *Parva Naturalia* 1)
Sobre a memória (= *Parva Naturalia* 2)
Sobre o sono e a vigília (= *Parva Naturalia* 3)
Sobre os sonhos (= *Parva Naturalia* 4)
Sobre a predição pelos sonhos (= *Parva Naturalia* 5)
Sobre a longevidade e a brevidade da vida (= *Parva Naturalia* 6)
Sobre a juventude e a velhice (= *Parva Naturalia* 7)
Sobre a respiração (= *Parva Naturalia* 8)

Volume IV: Biologia
Tomo 1
História dos animais I-VI
Tomo 2
História dos animais VII-X
Tomo 3
Partes dos animais
Tomo 4
Movimento dos animais
Progressão dos animais
Tomo 5
Geração dos animais

Volume V: Metafísica
Tomo 1
Metafísica
Tomo 2
Metafísica
Tomo 3
Metafísica

Volume VI: Ética
Tomo 1
Ética a Nicômaco
Tomo 2
Grande moral
Tomo 3
Ética a Eudemo

Volume VII: Política
Tomo 1
Política
Tomo 2
Econômicos
Tomo 3
Constituição dos atenienses

Volume VIII: Retórica e Poética
Tomo 1
Retórica
Tomo 2
Poética

Volume IX: Espúrios
Tomo 1
Sobre o universo
Sobre o alento [= *Parva Naturalia* 9]
Tomo 2
Sobre as cores
Sobre aquilo que se ouve
Fisiognomônicos
Sobre as plantas
Sobre os prodígios escutados
Tomo 3
[Problemas] Mecânicos
Tomo 4
Problemas [Físicos]
Tomo 5
Sobre as linhas indivisíveis
Sobre os lugares e nomes dos ventos
Sobre Melisso, Xenófanes e Górgias
Virtudes e vícios
Retórica a Alexandre

PARTE II: OBRAS FRAGMENTÁRIAS

Volume X: Autênticos
Tomo 1
Diálogos e obras exortativas
Tomo 2
Tratados, monografias, recolhas e textos privados

Volume XI: Espúrios e Duvidosos
Tomo 1
Medicina
Apologia contra Eurimedonte a propósito da acusação de impiedade
Agricultura
Mágico
Tomo 2
Epítome da arte de Teodectes
Sobre a filosofia de Arquitas
Problemas físicos em 38 (68) (78) livros
Sobre as cheias do Nilo

PARTE III: APÓCRIFOS

Volume XII: Lógica, Física e Metafísica
Tomo 1
Divisões [pseudo]aristotélicas
Problemas inéditos [de medicina]
Sobre a pedra
Tomo 2
Livro da causa
Livro da maçã

Volume XIII: Teologia
Tomo 1
Segredo dos segredos
Tomo 2
Teologia

PARTE IV: BIBLIOGRAFIA E ÍNDICES

Volume XIV
Tomo 1
Bibliografia geral
Tomo 2
Índices